Big Bands paulistas

SERVIÇO SOCIAL DO COMÉRCIO
Administração Regional no Estado de São Paulo

Presidente do Conselho Regional
Abram Szajman
Diretor Regional
Danilo Santos de Miranda

Conselho Editorial
Ivan Giannini
Joel Naimayer Padula
Luiz Deoclécio Massaro Galina
Sérgio José Battistelli

Edições Sesc São Paulo
Gerente Marcos Lepiscopo
Gerente adjunta Isabel M. M. Alexandre
Coordenação editorial Clívia Ramiro, Cristianne Lameirinha, Francis Manzoni
Produção editorial Rafael Fernandes Cação, Thiago Lins
Coordenação gráfica Katia Verissimo
Produção gráfica Fabio Pinotti
Coordenação de comunicação Bruna Zarnoviec Daniel

José Ildefonso Martins
José Pedro Soares Martins

Big Bands paulistas

História de orquestras de
baile do interior de São Paulo

Posfácio de Sérgio Estephan

© José Ildefonso Martins e José Pedro Soares Martins, 2017
© Edições Sesc São Paulo, 2017
Todos os direitos reservados

Preparação Thiago Passos
Revisão Pedro Silva e Elba Elisa de Souza Oliveira
Projeto gráfico Dora Levy / CJ31
Capa Katia Verissimo, Fabio Pinotti
Diagramação Douglas Kenji Watanabe / CJ31

M3668b   Martins, José Ildefonso

          Big bands paulistas: história de orquestras de baile do interior de São Paulo / José Ildefonso Martins; José Pedro Soares Martins. – São Paulo: Edições Sesc São Paulo, 2017. –

             232 p. il.: fotografias.

             ISBN 978-85-9493-006-4

             1. Música. 2. Orquestras. 3. Orquestras de baile. 4. Big bands paulistas. 5. São Paulo - interior. I. Título. II. Martins, José Pedro Soares.

                                                                            CDD 785

Edições Sesc São Paulo
R. Cantagalo, 74 – 13º/14º andar
03319-000 – São Paulo SP Brasil
Tel. 55 11 2227-6500
edicoes@edicoes.sescsp.org.br
sescsp.org.br/edicoes
/edicoessescsp

*Aos maestros,
músicos
e cantores
que, ao seu tempo e com seu trabalho,
fizeram muita gente mais feliz*

Sumário

Apresentação (Danilo Santos de Miranda) 8

Introdução 11

Orquestras do interior de São Paulo:
o baile do desenvolvimento e do otimismo 19

A partitura das transformações radicais
na economia, na política e na cultura... 27

O encanto do canto orfeônico e das bandas de coreto
e a política da boa vizinhança 41

A festa do interior nas décadas de 1940 a 1960............................. 51

Estação Catanduva
Arley e sua Orquestra continuam a magia
das orquestras na Cidade Feitiço..................................... 69

Estação Espírito Santo do Pinhal
A Orquestra Cacique encanta pela emoção e pela qualidade 81

Estação Franca
A Orquestra Laércio de Franca encanta desde a terra do imperador 97

Estação Guararapes
Pedrinho e a orquestra que tocou a Brasília de Juscelino 111

Estação Jaboticabal
A cidade da música projeta a Sul América, orquestra pioneira......... 123

Estação Jaú
A Orquestra Continental voa nas asas da música 133

Estação Rio Claro
A Blue Star brilha nos palcos do interior............................ 147

Estação São José do Rio Preto
A cidade das orquestras projeta grandes músicos para o Brasil......... 159

Estação Tupã
A fábrica de música da família de Júlio de Castro 175

Para um novo recomeço.. 197

As orquestras de baile e sua época................................... 203
Posfácio de Sérgio Estephan

Créditos das fotografias 226

Depoimentos colhidos 229

Agradecimentos 230

Sobre os autores.. 231

Próxima parada

Desde os anos 1940 até o início da década de 1970, as orquestras de baile desempenharam um papel muito importante na vida social das cidades do interior do estado de São Paulo. Os bailes eram os maiores acontecimentos sociais nessas cidades e sempre havia muitas ocasiões para celebrar: uma festa de debutante ou formatura, o aniversário da cidade, um concurso de *miss*, o início da primavera, as colheitas, os casamentos, o Carnaval, o *Réveillon* etc., de modo que as grandes orquestras chegavam a se apresentar em mais de cem eventos por ano. Nessas ocasiões, o público tinha a oportunidade de ouvir, ao vivo, o repertório do momento tocado por instrumentistas de alto nível, que também brilhavam no rádio, depois na televisão ou acompanhando grandes expoentes, como Ary Barroso, Elza Soares, Elis Regina, Maysa e Francisco Alves, entre inúmeros outros.

Intitulados como estações de trem, os capítulos que contam a história das orquestras sediadas em Catanduva, Espírito Santo do Pinhal, Franca, Guararapes, Jaboticabal, Jaú, Rio Claro, São José do Rio Preto e Tupã são um recurso criativo que vincula a história dessas *big bands* à das ferrovias, evocando dois fatores (um cultural e outro econômico) que, no passado, contribuíram consideravelmente para o desenvolvimento das cidades do interior paulista. Neste livro, é possível, ainda, conhecer não somente as orquestras mais emblemáticas, como também o contexto sociocultural em que elas se inseriam. Assim, os capítulos introdutórios e um abrangente posfácio do historiador Sérgio Estephan traçam um panorama do surgimento e desenvolvimento dessas orquestras em São Paulo e no Brasil, seu marcado nacionalismo apesar da influência que tiveram das *jazz big bands* norte-americanas, sua ligação com as rádios, e seu caráter de agentes de lazer e sociabilização por meio da arte.

A vitalidade das *big bands* paulistas ainda hoje pode ser conferida por meio de orquestras como a Sul América de Jaboticabal, Leopoldo e a Orquestra Tupã, e Arley e sua Orquestra, de Catanduva, todas na ativa até hoje. Essa qualidade pôde ser vivenciada por meio da exposição interativa realizada pelo Sesc Campinas em 2014, na qual o público teve contato com fotografias, vídeos e registros fonográficos, frutos da mesma pesquisa de José Ildefonso Martins e José Pedro Soares Martins que originou este livro.

Sempre em diálogo com a programação cultural do Sesc, na área de música a editora tem privilegiado a publicação de biografias de grandes artistas, obras de referência sobre diferentes gêneros e partituras. Parte dessa iniciativa, *Big bands paulistas* se alinha ao nosso intuito permanente de, pelas mais diversas vias, resgatar e difundir a riqueza da cultura musical brasileira.

Danilo Santos de Miranda
Diretor Regional do Sesc São Paulo

Introdução

O *boom* das orquestras de baile, no interior de São Paulo, ocorreu a partir de meados dos anos 1940, com o fim da Segunda Guerra Mundial e por influência decisiva das *big bands* que floresceram nos Estados Unidos e na Europa a partir dos anos 1930 e fizeram sucesso em todo o mundo.

As *big bands* são fruto de um movimento cultural cujas raízes podem ser identificadas na criação do *ragtime*, no final do século XIX, por descendentes de ex-escravos nos Estados Unidos, no âmbito de cidades como Saint Louis, Memphis e, sobretudo, New Orleans. A mescla do *ragtime* com hinos religiosos, a valsa, a música primitiva e marchas militares resultaria no *jazz*, ritmo que terminaria por encantar o mundo. Os *spirituals* e o *blues* também aparecem na linha de tempo que antecede o *jazz*.

O *jazz* veio à luz nos Estados Unidos. Não nasceu na África, mas foi desenvolvido pelos descendentes dos escravos arrancados à terra do continente, servindo-se das diversas culturas sonoras que seus pretensos senhores brancos lhes ensinaram ou lhes permitiram praticar livremente, conforme define André Francis[1].

De fato, nascido nas comunidades negras, o *jazz* encontraria uma expansão crescente por meio das *jazz bands*. Como explica Zuza Homem de Mello, elas se caracterizavam por uma formação que incluía:

> a seção rítmica (centralizada na bateria), banjo, tuba e eventualmente piano, dois ou mais violinos e os quatro instrumentos de sopro que variavam entre trompetes e trombones (nos metais), clarinetes e, novidade na família das palhetas, o saxofone. A sonoridade ampla

---

[1] André Francis, *Jazz*, São Paulo: Martins Fontes, 1987, p. XIV.

e flexível do sax, bem como o formato sinuosamente atraente, iriam franquear sua incorporação gradual ao *jazz* e à música dançante como um dos seus símbolos mais originais, distinguindo-se por ser o único entre os quatro sopros que, oficialmente, se situa na periferia de uma orquestra sinfônica[2].

O mesmo Zuza Homem de Mello comenta em seguida a evolução das *jazz bands*, compostas por seis a oito integrantes, para as *big bands*. Essa evolução ocorreu no período de outubro de 1929 a novembro de 1934, "quando foi lançado o programa de gala *Let's Dance*, transmitido aos sábados à noite do monumental estúdio 8H da NBC, e estrelado por três orquestras que se revezavam para que as famílias americanas pudessem dançar em suas residências"[3].

O jornalista explica em termos musicais como se deu essa mutação:

> Violinos, violas e violoncelos foram abolidos e os instrumentos de sopro foram aumentados, compondo seções que dialogavam entre si. Estabeleceu-se um naipe de três ou quatro trompetistas sentados na última fileira, e outro à sua frente, de dois ou três trombonistas, permitindo-se certa autonomia entre ambos. De outra parte o número de saxofones saltou para três, possibilitando a emissão de três notas diferentes, o que, teoricamente, é o mínimo necessário para formar um acorde[4].

Zuza continua:

> Podendo atingir até cinco saxofonistas (primeiro sax-alto, segundo sax-tenor, terceiro sax-alto, quarto sax-tenor e sax-barítono), o naipe de saxes foi guindado à posição de destaque no palco, à frente dos

---

[2] Zuza Homem de Mello, *Música nas veias*, São Paulo: Editora 34, 2007, p. 72.
[3] Zuza Homem de Mello, *op. cit.*, pp. 92-93.
[4] *Idem.*

demais. Em cada uma de suas estantes foi incorporado um painel onde se estampava o nome da orquestra. Os músicos de cada naipe levantavam-se ao mesmo tempo, nos momentos de destaque, criando um dinamismo visual levado ao auge quando os trombonistas, tocando de pé, movimentavam simultaneamente seus instrumentos para os lados ou para o alto, em espetacular efeito coreográfico. A seção rítmica também foi alterada, fixando-se a guitarra no lugar do banjo e o contrabaixo acústico no da tuba[5].

E complementa falando sobre as demais partes que compõem uma *big band*:

A bateria é que foi atingida em cheio: de sua destacada posição na linha de frente foi despejada para o fundo do palco, sobre um estrado elevado, ao mesmo tempo em que a ela foram incorporados dois pratos horizontais que se abriam e se fechavam (conhecidos em inglês como *hi-hat cymbals*, e no Brasil como *chimbal*), sendo acionados pelo pé esquerdo do baterista. Foram adicionados tambores e tom-tons de tripé ou montados no bumbo, cincerros (*cowbells*), blocos de madeira (*temple blocks*) e pratos turco e chinês, ampliando a variedade de timbres e de efeitos. As orquestras tomaram de assalto o entusiasmo dos dançarinos. O sonho de qualquer músico era dirigir uma *big band*. Fosse onde fosse[6].

[5] *Idem.*
[6] *Idem.*

As orquestras mais importantes eram as de Benny Goodman (1909--1986), Tommy Dorsey (1905-1956) e Glenn Miller (1904-1944). Nesse período riquíssimo, também se destacaram nomes como Les Elgart (1917-1995), Duke Ellington (1899-1974), Dizzy Gillespie (1917-1993), Count Basie (1904--1984), Harry James (1916-1983), Stan Kenton (1911-1979) e Nelson Riddle (1921-1985), entre tantos outros. Eles se apresentavam com seus próprios cantores e cantoras ou acompanhando expoentes da música popular como Frank Sinatra (1915-1998), Ella Fitzgerald (1917-1996), Louis Armstrong (1901-1971), Nat King Cole (1919-1965), Sarah Vaughan (1924-1990), Billie Holiday (1915--1959), Bing Crosby (1903-1977), Anita O'Day (1919-2006) e Peggy Lee (1920-2002).

Pois foi isso o que ocorreu também no Brasil, principalmente no eixo Rio-São Paulo e no interior paulista, com as orquestras de baile, carinhosamente chamadas neste texto de *big bands* paulistas. Elas surgiram no interior de São Paulo como instituições a princípio amadoras ou semiprofissionais, por imitação das orquestras formadas nas capitais, mas logo atingiram um nível definitivo de profissionalização. Participavam dessas orquestras músicos amadores, autodidatas na sua maioria, principalmente saídos de bandas de coreto ou bandas militares, além de professores de música e outros profissionais que optaram por residir no interior.

Assim, a partir dos anos 1940 até a década de 1970, essas orquestras reinaram absolutas nas mais diversas festas e comemorações que aconteciam nas cidades do interior, que tinham o baile como atração de grande importância. Essas cidades, quer pela distância da capital (onde já existiam grandes orquestras), quer pelas dificuldades de transporte e estadia, tornaram-se o espaço ideal para o desenvolvimento da atividade profissional das orquestras.

A concorrência entre si obrigou-as a buscar qualidade e focar em inovação. Isso fez com que, em pouco tempo, fossem formados grupos que desenvolveram trabalhos de excelente padrão, nada ficando a dever às orquestras existentes nos grandes centros, quer pela diversificação em sua formação e seu repertório, quer pela qualidade e originalidade de seus arranjos musicais, bem como pela *performance* profissional de seus componentes. Pela intensidade e frequência de seu trabalho, esses grupos foram levados a se profissionalizar com dedicação integral. Tais orquestras chegavam a ser requisitadas para realizar mais de cem bailes por ano.

O baile era o momento supremo, o evento de maior repercussão nas diversas comemorações que aconteciam nas cidades. Assim eram o baile de aniversário da cidade (que fazia parte dos eventos oficiais), o baile de final de ano (*réveillon*), o baile das debutantes (que era a apresentação à sociedade das jovens da comunidade) e outros que compunham a programação dos clubes sociais. Buscava-se, assim, atender às demandas dos aficionados pela atividade. A esses eventos acrescentavam-se os bailes de formatura, que às vezes tinham importância maior que a da própria cerimônia de graduação.

O baile tinha uma função social e comunitária, proporcionando momentos de entretenimento, convívio social e aproximação das pessoas, mas também tinha sua função cerimonial, servindo como ocasião para encontros, momentos de início de muitos relacionamentos amorosos.

Esses eventos também eram geradores de intensa atividade econômica. Para além do trabalho profissional dos músicos da orquestra e do pessoal de apoio, transporte e hospedagem, o baile proporcionava trabalhos na organização logística, nos serviços de bar e restaurante, de segurança, de ornamentação e decoração dos locais etc. A isso se acrescentava o movimento do comércio local de roupas, sapatos e demais adereços, que experimentava expressivo incremento.

Nos anos 1970, com o advento de novas tecnologias de emissão dos sons, com a eletrificação dos instrumentos musicais e a formação de pequenos conjuntos musicais estruturados a partir do sucesso dos Beatles e dos Rolling Stones, as orquestras, compostas por até mais de vinte integrantes, tornaram-se economicamente inviáveis e começaram a desaparecer. Hoje são raríssimas as que lembram aquele tipo de trabalho. Concomitantemente, os bailes deixaram de acontecer no formato de então, restando hoje poucas ocasiões em que esses eventos são realizados. Assim, os clubes também foram perdendo sua função social e tornaram-se obsoletos.

Resgatar a época de ouro das *big bands* paulistas constitui o objetivo principal deste livro. Não deixa de ser um tributo àqueles que, com seu trabalho, fizeram parte de um momento mágico da música, da dança e da socialização em um período de profundas transformações na sociedade brasileira.

Orquestras do interior de São Paulo
O baile do desenvolvimento e do otimismo

O "Brasil que canta e é feliz", decretou Ary Barroso em 1942, na canção "Isto aqui, o que é?". Poucas músicas resumem e traduzem com tanta riqueza e vibração o que seriam as duas décadas e meia seguintes. Esse foi um dos períodos de maior euforia e otimismo na história brasileira, anos em que o nosso povo mestiço sonhou com a possibilidade de um país de cidadãos felizes e respeitados plenamente em dignidade e direitos. Um país, além disso, reconhecido pela comunidade internacional por suas belezas naturais e seus dotes exóticos detectados pelos olhares estereotipados, mas, acima de tudo, por sua biodiversidade étnica e cultural, pela criatividade, pela capacidade de realizar proezas e contribuir em vários campos com os avanços civilizatórios.

Há que se destacar que grande parte desse ufanismo deveu-se, desde meados dos anos 1930 até o final da Era Vargas em 1945, ao trabalho de propaganda oficial e oficiosa desenvolvido pelo Departamento de Imprensa e Propaganda (DIP) do governo da República. A partir de forte esquema de censura dos meios de comunicação, o órgão exercia sobre a mídia da época grande influência na divulgação dos "feitos" do regime implantado.

Na verdade, com o fim da República Velha, definida com a deposição do presidente Washington Luís e a vitoriosa Revolução de 1930 comandada por Getúlio Vargas, o Brasil passou por importantes transformações. Houve o início do processo de industrialização, com acentuado êxodo rural e a migração da população para as áreas urbanas. Formaram-se, assim, os grandes conglomerados urbanos que resultaram, por fim, nas grandes cidades atuais.

Esse deslocamento populacional, além de produzir significativas mudanças socioambientais e novas demandas sociais, provocou importantes alterações nos usos e costumes da sociedade e teve reflexo imediato em uma das manifestações mais expressivas da cultura popular: a música popular tornou-se um fenômeno de inegável importância social, e o período que culmina nos anos 1950 é considerado a era de ouro da Música Popular Brasileira.

Ricardo Cravo Albin, em *O livro de ouro da MPB*, amplia o entendimento desse fenômeno:

> Para o crescimento da MPB, duas modificações se tornariam determinantes. Primeiramente, a mudança do sistema de gravação mecânica para a gravação elétrica, o que permitiu o registro fonográfico de vozes de curta extensão, mas cheias de malícia que o samba exigia. A segunda foi o aparecimento e a espantosa expansão do primeiro veículo de comunicação de massa de nossa história, o rádio. [...] Getúlio usou o rádio para se comunicar com as massas desfavorecidas, e o fez com enorme eficiência e repercussão. Além disso, o governo Vargas enxergou no rádio um oportuno fator de integração nacional. Era a primeira *mídia* na cultura ocidental a ter acesso direto e imediato aos lares das pessoas, acompanhando-as em vários momentos ao longo do dia e da noite. A família se reunia em torno do rádio ligado na sala. O rádio era o centro gerador de modas e sonhos. Por tudo isso, e pelo que significou em nossa cultura, como canal da paixão do povo brasileiro, as décadas de 1930 e 1940 (e parte da de 1950) foram, substancialmente, a Era do Rádio[7].

Espelho da alma de um povo, a cultura retrata as diferentes dimensões da vida social, política e econômica de um país. Pois nesse momento histórico singular floresceram fenômenos culturais substantivos, que até hoje marcam e definem a imagem do Brasil aqui e no exterior.

A imagem que, em plena aurora da sociedade do conhecimento, o Brasil faz de si mesmo e pela qual é conhecido no cenário mundial foi

---

[7] Ricardo Cravo Albin, *O livro de ouro da MPB*, Rio de Janeiro: Ediouro, 2003, pp. 80-81.

desenhada nesses anos, quando potenciais criativos do brasileiro, forjados em séculos de mestiçagem e fertilização mútua, foram colocados em prática em múltiplas áreas.

Se hoje o Brasil tem potencial para se desenvolver economicamente não apenas com base na exploração e exportação de seus recursos naturais, mas também por meio de atividades industriais, comerciais e de serviços, em condições sociais mais justas e adequadas, essa porta foi definitivamente aberta entre os anos 1940 e 1960.

Se o Brasil pôde superar o legado opressor gerado pelo analfabetismo, esse sonho foi alimentado naquele momento histórico pela ação inventiva e ousada de muitos educadores e organizações da sociedade civil.

Se o Brasil é reconhecido como o país do futebol, essa marca começou a ser delineada durante aqueles anos, em especial entre a tragédia da derrota na Copa do Mundo de 1950 no Maracanã e a redenção alcançada com as vitórias nas Copas de 1958 e 1962, nos campos da Suécia e do Chile.

Do mesmo modo, se o país tem uma vitalidade musical impressionante, fruto de suas raízes culturais únicas reconhecidas no mundo todo, de novo esse roteiro começou a ser traçado com maestria nessa época, mesmo levando-se em consideração a enorme influência da música estrangeira no Brasil. Afora os sucessos norte-americanos, o bolero mexicano e o tango argentino rivalizavam com os grandes sucessos brasileiros. O período compreendido entre o início dos anos 1930 e meados dos 1950 é considerado pelos historiadores como a era de ouro da música brasileira, com grandes ídolos criados e impulsionados pelo desenvolvimento tecnológico e a popularização do rádio e da indústria fonográfica.

Ironicamente, embora as condições econômicas e sociais do período não fossem completamente desfavoráveis, a música predominante no período tinha temática introspectiva e melancólica, com destaque para o samba-canção, muito bem caracterizado nas composições de Lupicínio Rodrigues (1914-1974).

É diferente o que ocorreu com o surgimento da bossa nova nos anos 1950. Revolucionário e inovador, o movimento surgido no

Rio de Janeiro é o reflexo perfeito de um Brasil otimista e de enorme capacidade realizadora. Essa é a imagem que o país projetou para o mundo e para si mesmo. O período da bossa nova, marcado pela euforia desenvolvimentista do governo de Juscelino Kubitschek, durou até 1964, quando o golpe militar cortou muitos sonhos de liberdade e interrompeu um momento riquíssimo da cultura brasileira.

De fato, muito do otimismo, da esperança e do vigor de então – e de seu consequente reflexo na música brasileira – foi tolhido pela brutalidade destruidora (de vidas e esperanças) da ditadura militar vigente entre 1964 e 1985. Mas, agora, no início de um novo século, talvez seja o momento propício para resgatar fatos ocorridos naquele momento histórico especial.

Por fim, um dos fenômenos culturais que representaram o período citado, sendo anterior ao momento de eclosão da bossa nova, é o da proliferação das grandes orquestras de baile, que fizeram o país cantar e dançar, com toda a alegria inata em nossa alma. Se o Brasil já bailou e cantou com toda força e disposição, isso aconteceu na época de ouro das orquestras, cuja atuação representa toda a capacidade de diálogo, assimilação, criação e reinvenção da cultura brasileira, traços que já haviam sido identificados pelos expoentes do modernismo.

Seja por questões ideológicas, seja pela ausência de documentação mais detalhada (e devidamente catalogada e disponibilizada) sobre o período em questão, seja por razões ainda desconhecidas, o fenômeno das orquestras de baile (ou de rádio e discos) nacionais não tem sido estudado como deveria. Há sobre ele pouquíssima atenção de pesquisadores, jornalistas e, mais ainda, sente-se a falta de políticas públicas culturais abrangentes, plurais, capazes de abarcar movimentos, estilos ou eras para além dos ícones mais badalados e privilegiados pela imprensa ou pela academia.

Este livro propõe justamente resgatar a contribuição dessas orquestras para a cultura brasileira. Mais precisamente, visa recuperar o que significou, para o corpo e a alma de tanta gente, o movimento das orquestras de baile do interior de São Paulo.

Entre as décadas de 1940 e 1970, o interior paulista assistiu à criação, à estruturação e ao crescimento de orquestras de altíssimo nível, com músicos à altura daqueles que brilhavam nas páginas de *O Cruzeiro* ou nas transmissões da Rádio Nacional ou das nascentes TV Nacional e TV Tupi. Eram orquestras que se apresentavam cem ou mais vezes por ano, sem descanso e sempre com o maior brilhantismo e fidalguia, pelo interior paulista e por outros estados brasileiros e até em outros países da América do Sul. Algumas chegaram a gravar discos, outras tiveram os seus momentos no rádio e na televisão, mas todas arrastaram milhares de pessoas para os salões de dança dos clubes, para os bailes de formatura ou de debutantes e mesmo para os bailes de Carnaval.

Fosse ao som dos arranjos musicais das orquestras de Glenn Miller, Tommy Dorsey e Benny Goodman ou acompanhando os célebres acordes das músicas brasileiras que se tornariam lendárias, como a de Severino Araújo, cintilante patrimônio cultural imaterial do país, o que importava era dançar até o fim do baile, era dar a volta pelo salão, era cantar a plenos pulmões, era celebrar a vida que parecia mais risonha, feliz e justa, depois de tantos séculos de sofrimento e sombras para a maioria dos brasileiros. A felicidade e a justiça eram possíveis, e a circulação das orquestras de baile por tantos espaços era como uma trilha sonora desse sonho coletivo.

Critérios de escolha

Foram várias as orquestras que fizeram a festa de multidões no interior de São Paulo e em outros estados brasileiros a partir da década de 1940. Seria impossível contar a história de todas, principalmente pela ausência de material documental. São raros os registros das orquestras que transitaram pelas estradas precárias daquela época. Há poucas fotos, e objetos como cartazes e capas de discos também são escassos. De forma geral, não havia a preocupação de registrar com maior rigor o dia a dia das orquestras. Apenas uma, a Cacique de Pinhal, tem um registro escrito mais detalhado, pelo empenho pessoal de um dos músicos.

Dessa forma, foi necessário eleger critérios para selecionar as orquestras que seriam detalhadas neste livro. Quatro critérios principais foram utilizados. O primeiro foi o da definição das orquestras de baile, que geralmente têm entre 15 e 20 músicos. A típica orquestra de baile é composta pela integridade do naipe de metais e sopros (trompetes, trombones, saxes e clarinetas); sua seção rítmica é composta de guitarra, baixo, bateria e piano ou equivalente, além de outros instrumentos de percussão e ritmo, com a presença de um ou dois cantores e com poucos instrumentos eletrificados. A exceção a esse critério fica por conta dos chamados conjuntos orquestrais, que, com um grupo de 10 a 12 músicos, conseguiam quase o mesmo efeito sonoro das orquestras completas, graças aos arranjos musicais especialmente elaborados e à qualidade técnica dos seus componentes. Havia neles arranjos prontos para os naipes de orquestra completa; assim, os conjuntos eram completados, quando os contratos exigissem, com músicos *freelancers*. Aparecem com essa formação, neste trabalho, Arley e sua Orquestra, de Catanduva, e Os Modernistas, de São José do Rio Preto.

Diferenciavam-se, portanto, dos conjuntos musicais que também existiam na época, com menor número de componentes, mas com qualidade técnica similar. Alguns desses conjuntos deram origem às orquestras e contribuíram para a qualificação e o aperfeiçoamento profissional dos seus componentes. Destacaram-se, no período, os conjuntos de Milton Pavezzi, de Lins, a Icaray, de São José do Rio Preto, e os Guanabaras, de Araçatuba.

Outro critério de seleção foi o da localização geográfica das cidades onde as orquestras estavam ou estão sediadas. Focou-se o interior de São Paulo, a mais de 200 quilômetros da capital e com atuação regional, não se limitando ao próprio município. As orquestras que foram pesquisadas estão nessa situação, sendo esta, inclusive, uma das premissas de seu êxito, ao se considerar as dificuldades de logística, comunicação e transporte para o deslocamento de grandes orquestras de São Paulo para atender a demanda das cidades do interior.

Um terceiro critério observado foi o da época e da longevidade. Foram escolhidas orquestras com maior tempo de atuação a partir dos anos 1940, com ênfase nos anos 1950 e 1960. Quatro delas continuam em atividade: Arley, de Catanduva; Sul América, de Jaboticabal; Leopoldo, de Tupã; e, com características diferentes, a Tropical Jazz Band, de São José do Rio Preto. Esta orquestra foi uma exceção ao critério, pois foi criada em 1975 e faz parte do universo das *big bands* paulistas pela excepcional qualidade técnica dos seus componentes e pelo diferencial desenvolvido com sucesso até 1978, nas apresentações do baile-show Noites de Nostalgias, juntamente com o cantor Gregorio Barrios em inúmeras cidades em todo país. A Leopoldo e sua Orquestra Tupã também foi criada um pouco mais tarde, em 1963, mas seguiu os trabalhos que as orquestras de seus irmãos Nelson e Jasson vinham fazendo nas décadas anteriores.

Um quarto critério foi o do acervo encontrado. Embora sempre limitado, foi possível obter, no caso das orquestras identificadas, uma documentação consistente que justificou sua inclusão neste trabalho. O texto cita várias outras orquestras, que poderiam perfeitamente constar aqui, como a J. Rodrigues de Catanduva, a Marajoara de Bauru e a inacreditável Mantovani de Assis, das quais não foi possível obter material informativo. Sua citação é uma homenagem a esses guerreiros da boa luta, a da música, que conecta o humano com o sublime.

A partitura das transformações radicais
na economia, na política e na cultura

No dia 1º de maio de 1940, o presidente Getúlio Vargas assinava o Decreto-Lei nº 2.162, fixando os primeiros valores para os salários mínimos regionais em todo o Brasil – que entrariam em vigor em julho do mesmo ano. A iniciativa causou enorme impacto na mudança do panorama econômico e social do país, que evoluiu de um modelo eminentemente agrário e exportador de recursos naturais para um padrão industrial, em um processo que se estendeu até os anos 1960.

Duas semanas antes do ato histórico de Vargas, jovens inquietos de Jaboticabal, no interior de São Paulo, estavam mais preocupados com a concretização de um plano que poderia mudar para sempre suas vidas e a de suas famílias e comunidade. Depois de amadurecerem bastante a ideia, eles tomaram as providências necessárias para, em 20 de abril de 1940, colocar em prática o sonho tão acalentado.

Em baile de gala no salão do Edifício Tódaro, promovido pela Sociedade Recreativa Gomes e Puccini (uma óbvia homenagem a Carlos Gomes e Giacomo Puccini), foi lançada a Orquestra Sul América, sob a liderança de Cadorno Augelli e Oswaldo Bazoni (trompetes) e do saxofonista Domingos Ferrari. A nova orquestra, que não escondia o sonho de seguir a trilha das *big bands* americanas, tinha ainda em sua formação inicial o baterista Aristides, o saxofonista Alexandre Gagiotti, Orlando Bedin no trombone, Mário Guimarães no piano e Alfredo Palazzo no baixo e banjo.

A partir desse time inicial, com notória maioria de membros da colônia italiana, e com a posterior adição de outros músicos, a Sul América de Jaboticabal se tornaria uma das primeiras grandes orquestras de baile do interior de São Paulo e uma das poucas que ainda continuam em plena atividade. Depois dela viriam outras importantes, como a Orquestra Continental de Jaú, fundada apenas dois anos depois, e a Pedrinho de Guararapes, de 1945.

Pois essas notáveis orquestras, que levaram multidões a incontáveis bailes por várias cidades, não deixaram de representar o clima de otimismo, a atmosfera de confiança que o Brasil viveu entre as décadas de 1940 e 1960. A alegria destilada pelas orquestras de baile era um emblema, uma perfeita tradução musical disso. E também não deixa de ser um símbolo que a última das grandes orquestras e uma das únicas ainda em atividade, a Leopoldo e sua Orquestra, tenha sido criada em 1968, o ano do Ato Institucional nº 5, que mergulhou o país em um mar de tristeza e agonia, depois dos belos e doces anos dourados.

Um golpe militar, a instalação da República Nova

As sementes para a transformação da estrutura econômica brasileira foram lançadas com o movimento militar de 1930, que levou Getúlio Vargas ao poder. Era o fim da República Velha, ou da política do café com leite, marcada pelo rodízio de presidentes que representavam ora a elite cafeeira paulista, ora os pecuaristas mineiros.

A República Velha fora inaugurada com um golpe militar liderado pelo marechal Deodoro da Fonseca em 15 de novembro de 1889. "Vossa Excelência e seus colegas estão demitidos por haverem perseguido oficiais do Exército e revelarem o firme propósito, em que estavam, de abaterem ou dissolverem o próprio Exército", declarou o então general Deodoro ao Visconde de Ouro Preto, chefe do gabinete que tinha a função de governo administrativo nos momentos finais do Império. Ao final do diálogo, todos os membros do gabinete foram presos, sendo instalada a República[8]. Na República Velha, a estrutura agrária exportadora seria mantida. Mas tudo mudou com a quebra da Bolsa de Nova York, em 1929, que levou muitos cafeicultores à falência e o poder político decorrente à lona.

O assassinato, em 26 de julho de 1930, de João Pessoa, vice na chapa do gaúcho Getúlio Vargas à presidência da República, foi o estopim para a intervenção militar. Júlio Prestes, o candidato oficial, havia sido eleito presidente, mas não chegou a tomar posse. No dia 3 de outubro, começou a revolução, a partir de Porto Alegre. No dia 24, o presidente Washington Luís foi deposto, para que então assumisse uma Junta Militar liderada por Getúlio.

Mais do que demarcar a mudança de poder político, essa reviravolta seria, acima de tudo, o início da transformação da estrutura econômica do país, um motivo de debate entre a intelectualidade e as organizações mais importantes da sociedade. Mas Getúlio logo encontrou forte oposição, com foco em São Paulo e Minas, e a crise resultou na Revolução Constitucionalista de 1932.

Os revolucionários pediam a convocação de uma Assembleia Constituinte livre para a elaboração de uma nova Constituição. Houve muitos confrontos, cidades como Campinas chegaram a ser bombardeadas pelos aviões "vermelhinhos" da tropa federal – foi a única vez na história do país em que houve bombardeio aéreo em território brasileiro.

Naquele momento, Getúlio venceu, mas muitas das ideias defendidas pelos revolucionários acabariam sendo levadas à prática. A efervescência era cada vez maior no campo da inteligência. No mesmo ano de 1932, o Manifesto dos Pioneiros da Educação Nova pediu uma transformação radical nos rumos da educação no país, com a ênfase em uma campanha nacional de alfabetização. O Manifesto foi redigido por Fernando de Azevedo e assinado por intelectuais e escritores como Anísio Teixeira, Roquette-Pinto, Afrânio Peixoto e Cecília Meireles. Tudo o que

---

[8] Hélio Silva e Maria Cecília Ribas Carneiro, *Nasce a República – História da República Brasileira*, vol. 1, São Paulo: Editora Três, 1998, pp. 68-69.

O Manifesto pedia era a modernidade na educação, como plataforma para um país realmente desenvolvido.

Em 1934, foi criada a Universidade de São Paulo, a primeira do Brasil, fruto da articulação de vários intelectuais. Como afirmou o escritor e pintor Sérgio Milliet, relacionando a criação da USP com a Revolução de 1932: "De São Paulo não sairão mais guerras civis anárquicas, e sim uma revolução intelectual e científica suscetível de mudar as concepções econômicas e sociais dos brasileiros"[9].

Em 1935, nasceu a Universidade do Distrito Federal, que depois foi incorporada à Universidade do Brasil, atual Universidade Federal do Rio de Janeiro. Essas foram as primeiras universidades de fato, embora Getúlio já tivesse acenado com a criação de instituições universitárias em 1931.

O analfabetismo crônico era o maior desafio a ser superado na educação. Em 1920, quando a população brasileira era de pouco mais de 30 milhões de pessoas, o analfabetismo atingia 71,2% da população em idade de aprendizagem. Com as medidas tomadas a partir de 1940, essas taxas caíram até atingir 56,2% em 1940 e 50% em 1950, com a população já chegando aos 52 milhões de habitantes.

Os números de analfabetismo ainda eram altos em 1950, assim como eram baixas as taxas de escolarização (26,15%) da população de 5 a 19 anos (contra 9% em 1920). Ainda assim, houve melhorias, sobretudo nas regiões Sul e Sudeste do país. Em 1960, as taxas mais baixas de analfabetismo eram de 27,3% no Rio de Janeiro, 29,9% no Rio Grande do Sul, 30,1% em São Paulo e 33,4% em Santa Catarina; no outro lado da tabela, os números eram de 72,6% em Alagoas, 72,4% no Piauí, 69,8% no Maranhão e 68,7% no Acre[10].

---

[9] Sylvia Gemignani Garcia, *Destino ímpar: sobre a formação de Florestan Fernandes*, São Paulo: Editora 34, 2002, p. 43.

[10] Censos IBGE, *apud* Alceu Ravanello Ferraro e Daniel Kreidlow, "Analfabetismo no Brasil: configuração e gênese das desigualdades regionais", *Educação & Realidade*, vol. 29, nº 2, Porto Alegre: Faculdade de Educação – Universidade Federal do Rio Grande do Sul, 2004, p. 192.

De fato, as medidas tomadas durante o primeiro governo Vargas (1930-45) para incentivar a industrialização beneficiaram, na prática, os estados do Sul e Sudeste, que ano após ano aumentaram sua participação no PIB nacional. Esses estados, então mais ricos, veriam melhor a emergência do fenômeno das orquestras nacionais, com raras exceções nordestinas (como as orquestras lideradas por Severino Araújo e Capiba, como veremos no próximo capítulo).

Industrialização e urbanização

O avanço da escolarização e a queda do analfabetismo estão intimamente ligados à industrialização acelerada ocorrida na Era Vargas. Um país industrializado exigia melhorias importantes no campo educacional; nesse contexto, foram particularmente pródigas as medidas destinadas a criar uma base industrial no país. Após a entrada em vigor do salário mínimo, em maio de 1940, vieram o imposto sindical (também em 1940), a Justiça do Trabalho (1941) e a Consolidação das Leis do Trabalho (1943).

A educação profissional foi intensificada com a criação das unidades operacionais do Sistema S: primeiro surgiu o Serviço Nacional de Aprendizagem Industrial (Senai), em 1942, ainda no primeiro governo Vargas. Em um segundo momento, foram criados o Serviço Nacional de Aprendizagem Comercial (Senac), o Serviço Social da Indústria (Sesi) e Serviço Social do Comércio (Sesc), todos em 1946. Getúlio já havia saído do governo, mas as bases da industrialização e de atividades comerciais associadas já tinham sido lançadas.

No mesmo ano foi fundado outro ícone da industrialização brasileira, a Companhia Siderúrgica Nacional (CSN), em Volta Redonda, no estado do Rio de Janeiro. Ela foi criada no contexto de aproximação entre o Brasil e os Estados Unidos, quando o governo Vargas enfim decidiu pela oposição ao nazismo. Bombardeados em Pearl Harbor, os Estados

Unidos entraram na guerra e pressionaram o Brasil a fazer o mesmo, deixando a neutralidade de lado. Resultaram daí os Acordos de Washington, que previam o apoio norte-americano à construção de uma grande siderúrgica no Brasil, inicialmente para alimentar os esforços de guerra, gerando produtos para a indústria bélica.

A CSN, que começou a funcionar efetivamente em 1946, foi um marco do lançamento das bases do processo de industrialização no Brasil. Tal processo ganhou ritmo acelerado na década de 1950, com os governos de Getúlio Vargas (que voltou ao poder, desta vez pelas urnas) entre 1951 e 1954, e Juscelino Kubitschek, entre 1956 e 1961.

Getúlio aprofundou a transformação da estrutura econômica brasileira com medidas como as criações do BNDE (atual BNDES), do Banco do Nordeste e do Instituto Brasileiro do Café, todas no ano de 1952; e, principalmente, da Petrobras, em 1953. A Era Vargas deixou um legado reconhecido até hoje, apesar das necessárias lembranças ao período autoritário do Estado Novo, entre 1937 e 1945.

O passo à frente na euforia brasileira seria dado com o presidente eleito em 1955, após uma sucessão de interinos. De sorriso fácil e cativante, o mineiro Juscelino Kubitschek foi o ícone máximo do otimismo dos anos 1940 e 1950. E era um chamado pé de valsa, o que apenas reforça a teoria das orquestras de baile como espelhos perfeitos desse período que mudou a estrutura econômica, política e social do país.

Os anos JK, um convite ao baile

Se as bases da industrialização foram lançadas na Era Vargas, a euforia do desenvolvimentismo esteve viva como nunca no governo de Juscelino, já com o governo federal instalado em Brasília, a maior obra creditada ao político mineiro dançarino. O governo JK foi o primeiro a tentar seguir um planejamento de metas estipuladas. Foi o Plano Nacional de Desenvolvimento, mais conhecido como Plano de Metas, com 31 delas divididas em cinco áreas: energia, transportes, alimentação, indústria de base e educação. A construção de Brasília estimulou a interiorização do desenvolvimento e foi a meta mais emblemática.

Foram os anos de criação de novas rodovias e de desenvolvimento da indústria automobilística nacional, com grande participação das montadoras europeias. Foram também estimuladas as indústrias naval e siderúrgica. A industrialização continuava mais forte no Sul e Sudeste, mas, em 1959, JK criou a Superintendência de Desenvolvimento do Nordeste, em uma tentativa de estimular o desenvolvimento na região.

Brasília foi a grande vitrine do governo de Juscelino. Ela saiu das pranchetas de Lúcio Costa (autor do Plano Piloto) e de Oscar Niemeyer, projetista dos principais edifícios da nova capital federal. Niemeyer já havia trabalhado com Juscelino quando este, então prefeito de Belo Horizonte, convidou o grande arquiteto a conceber o complexo da Pampulha, incluindo a bela igreja de São Francisco de Assis.

As obras de Brasília foram iniciadas em 1957, atraindo milhares de trabalhadores ao Planalto Central, os candangos. A imaginação brasileira foi incendiada com o sonho de JK, e a nova capital federal foi inaugurada na data prevista, 21 de abril de 1960, dia da Inconfidência Mineira, cara à memória coletiva.

Nem a elevação expressiva da dívida externa, nem as seguidas denúncias de corrupção envolvendo membros do governo abalaram o prestígio de JK, pelo conjunto de suas realizações e pelo sentimento de autoestima que despertou. Foram anos de alegria, coroados com a conquista brasileira de sua primeira Copa do Mundo de futebol, em 1958, na Suécia.

O Brasil, ou mais exatamente o Centro-Sul do Brasil, já era outro ao final da década de 1960. Todos os indicadores eram um convite ao otimismo. Na área da saúde, o brasileiro médio vivia mais e melhor. Se em 1900 a expectativa de vida era de 33,7 anos, em 1950 já era de 43,2 e em 1960 passou a ser de 55,9 anos. A mortalidade infantil também caiu, embora de modo não muito significativo em comparação com as décadas recentes. Era de 162,4 por mil crianças nascidas vivas em 1930, caindo para 150 em 1940, 135 em 1950 e 124 em 1960. Essa era a média nacional, pois a queda foi, como se esperava, mais acentuada nos estados mais industrializados e ricos do Sul e Sudeste. No Sul, essa média caiu de 121/1000 em 1930 para 96 em 1960. No Sudeste, de 153 para 110 no mesmo período. No Nordeste, os números ainda eram de 164,1/1000 em 1960. No Norte, de 122,9/1000 no mesmo ano[11].

Uma das consequências da industrialização, acentuada nas décadas de 1950 e 1960, é o fenômeno da urbanização crescente. Em 1940, apenas 31% da população total do Brasil, de 41 milhões de habitantes, viviam nas cidades. Dez anos depois, a proporção já era de 36% de indivíduos residentes em ambientes urbanos. Em 1960 essa proporção subiu a 45%. Por volta de 1966, pela primeira vez a população urbana já era maior que a rural, chegando a cerca de 56% em 1970, quando a população total do país era de 93 milhões de habitantes. Com as devidas diferenças regionais (pois as mazelas continuavam vivas e incômodas, principalmente no Norte e no Nordeste), havia muito mais gente morando nas cidades, com saúde melhor e maior expectativa de vida. E ganhando mais. Segundo estudo do Departamento Intersindical de Estatística e Estudos Socioeconômicos (Dieese) divulgado em 2011, o salário mínimo em 1940 era correspondente a R$ 1.202,29 em valores corrigidos pela inflação. Em 1959, no auge do crescimento econômico do governo de Juscelino Kubitschek, o mínimo atingiu o equivalente a R$ 1.732,28, em valores de 2011. O poder de compra era crescente, então, para parte da população brasileira.

O otimismo reinante teve seu auge no governo JK, quando as orquestras de baile atingiram seu clímax. Não por acaso, uma das orquestras mais representativas do interior paulista, a de Pedrinho de Guararapes, tocou em um baile em Brasília, pouco tempo após a inauguração da nova capital federal. Entre os dançarinos estava Juscelino em pessoa. O otimismo também visto no campo na cultura foi espelho da nova situação socioeconômica e facilitou a emergência das orquestras brasileiras.

---

[11] "Evolução e perspectivas da mortalidade infantil no Brasil", *Estudos e pesquisas – Informação demográfica e socioeconômica*, Rio de Janeiro: IBGE, 1999, p. 20.

A cultura brasileira nos anos 1930 a 1960

A emergência das orquestras nacionais no período não pode ser dissociada do movimento cultural do país. Naquele momento, a "questão brasileira" – ou seja, o entendimento e a definição de uma identidade nacional – estava muito viva entre a intelectualidade e sociedade em geral.

A Semana de Arte Moderna de 1922, em São Paulo, foi um marco reconhecido na reflexão sobre a identidade brasileira. O modernismo passaria a ser sempre vinculado ao resgate das raízes nacionais, em contraposição à simples importação e assimilação do que era estrangeiro.

Na década de 1930, em meio a tantas transformações políticas e sociais, a "questão brasileira" ganhou maior densidade, em diversos campos artísticos. O Brasil que vislumbrava a industrialização também sonhava com a formação de uma indústria cultural própria.

Aquela foi, não por acaso, uma era de ouro para a nascente sociologia brasileira. Datam desses anos obras como *Casa grande e senzala* (1933), de Gilberto Freyre, *Evolução política do Brasil* (1933) e *Formação do Brasil contemporâneo* (1942), de Caio Prado Júnior, e *Raízes do Brasil* (1936), de Sérgio Buarque de Holanda. Todas essas são obras-primas que procuram examinar a fundo a alma nacional, tentando decifrar o que é afinal ser brasileiro[12].

A força do chamado romance social na década de 1930 foi a expressão do desejo de identificação das raízes profundas do subdesenvolvimento e de caminhos para uma reviravolta. Entre outras obras da época foram lançados os livros *O quinze* (1930), de Raquel de Queiroz, *Cacau* (1933), de Jorge Amado, *Parque industrial* (1933), de Patrícia Galvão, a Pagu, *Serafim Ponte Grande* (1933), de Oswald de Andrade, *Os corumbás* (1933), de Amando Fontes, *Salgueiro* (1935), de Lúcio Cardoso, e

---

[12] Wilson Martins, *História da inteligência brasileira*, vol. VI (1915-1933) e VII (1933-1960), São Paulo: T. A. Queiroz, 1996.

Capitães de areia (1937), de Jorge Amado. *A bagaceira*, de 1928, de José Américo de Almeida, foi um precursor dessa fase.

Esse foi também o momento de José Lins do Rego e seu ciclo da cana-de-açúcar, com obras como *Menino de engenho* (1932), *Usina* (1936) e *Fogo morto* (1943). Foram anos intensos para Graciliano Ramos, que produziu *Caetés* (1933), *Vidas secas* (1938) e *Infância* (1945). Graciliano foi uma das vítimas do período ditatorial do governo Vargas, sendo preso entre 1936 e 1937, por supostas simpatias comunistas. Da experiência nasceu *Memórias do cárcere*, concluído em 1947 e publicado em 1953.

O ano de 1930 foi o da estreia de Carlos Drummond de Andrade, com *Alguma poesia*, e de Murilo Mendes, com *Poesias*. A "fase social" de Drummond acompanharia o período do primeiro governo de Vargas, com *Sentimento do mundo*, de 1940, e principalmente *A rosa do povo*, de 1945. Ainda em poesia, estes foram os anos de *Viagem* (1939), *Vaga música* (1942) e *Mar absoluto* (1945), de Cecília Meireles, autora que mais tarde, coincidindo com a chegada ao poder de JK, publicaria *Romanceiro da Inconfidência*, de 1956. Jorge de Lima publicou no período destacado *O mundo do menino impossível* (1925), *Novos poemas* (1930), *Tempo e eternidade* (1935), *A túnica inconsútil* (1938) e *Poemas negros* (1947). E Vinícius de Moraes lançou *Forma e exegese* (1935), *Ariana, a mulher* (1936), *Novos poemas* (1938) e *Livro de sonetos* (1957).

Em 1930 ia para as telas *Lábios sem beijos*, de Humberto Mauro, primeiro filme da Cinédia, em uma tentativa de estruturação de uma indústria brasileira de cinema. *Limite* (1931), de Mário Peixoto, e *Ganga bruta* (1933), do mesmo Humberto Mauro, são outras obras importantes produzidas pela Cinédia, que ainda lançou *A voz do Carnaval*, de 1933, com Carmen Miranda. Mauro ainda dirigiria *Favela dos meus amores*, de 1935, e *Cidade mulher*, de 1936, pela Brasil Vita Film.

A área musical também se beneficiou da efervescência do período, aproveitando a proliferação das emissoras de rádio. Foi o início da chamada era de ouro da música popular brasileira. Cantores de rádio tornaram-se grandes ídolos populares e muitos de seus sucessos musicais, que são cantados até hoje, datam desse momento.

Essa foi, de fato, uma *Belle Époque* para o rádio brasileiro, que contribuiu para a expansão do mundo musical. Experiências pioneiras com transmissões de rádio foram feitas pelo padre gaúcho Landell de Moura, ainda no final do século XIX, em São Paulo. Por suas experiências, o religioso é considerado o patrono do radioamadorismo e deu nome ao Centro de Pesquisas da Telebras, criado em 1976 em Campinas, cidade onde foi pároco substituto da paróquia de Santa Cruz, em 1894. As experiências de Landell de Moura com o rádio foram realizadas na capital paulista, em dois pontos (avenida Paulista e Alto de Santana), pouco antes de sua estada em Campinas[13].

No dia 7 de setembro de 1922, centenário da Independência, aconteceu a primeira transmissão de rádio como hoje é conhecido no Brasil. O evento ocorreu durante a Exposição do Centenário da Independência, com o uso de equipamentos trazidos pela Westinghouse Eletric, que os instalou no pico do Corcovado, onde mais tarde seria construído o Cristo Redentor. A transmissão de pronunciamento do presidente Epitácio Pessoa e de trechos da ópera *O guarani*, de Carlos Gomes, marcou o nascimento da Era do Rádio no país.

Em 1923, foi inaugurada a primeira rádio brasileira, a Rádio Sociedade do Rio de Janeiro, criada por Roquette-Pinto e Henry Morize, com transmissões iniciadas em 1º de maio. No mesmo ano, em 30 de novembro, começaram as transmissões da Rádio Sociedade Educadora Paulista. Em 1º de junho de 1924, foi fundada no Rio de Janeiro a Rádio Clube do Brasil, por Elba Dias, pioneira em conseguir do governo autorização para veicular anúncios comerciais.

A autorização definitiva (e válida para todo país) para a transmissão de anúncios viria com o Decreto nº 21.111, de 1º de março de 1932, de Getúlio Vargas. Nessa época também surgiriam os programas de auditório, que deram uma marca importante para a rádio. Tal é o caso do *Programa Casé*, de Adhemar Casé, veiculado na Rádio Philips, no Rio de Janeiro, a partir de 1932.

---

[13] José Pedro Soares Martins, *Basílica do Carmo: história de fé no coração de Campinas*, Campinas: Komedi, 2009, p. 91.

Os programas da Rádio Mayrink Veiga (de 1926), da Rádio Tupi (de 1935) e principalmente da Rádio Nacional (de 1936), no Rio de Janeiro, foram definidores de gostos e tendências. As emissoras de rádio adquiriram prestígio crescente, mantendo elencos numerosos e caros para seus programas de auditório e humorísticos, além das radionovelas, desde "Em busca da felicidade", de 1941. Inicialmente privada, a Rádio Nacional foi estatizada em 1940 por Vargas, que utilizou muito bem o veículo para se comunicar com o público.

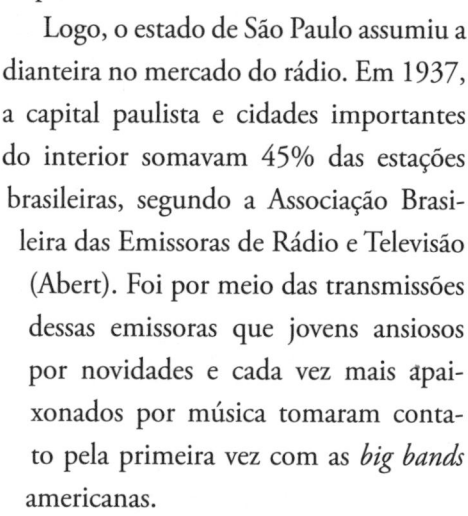

Logo, o estado de São Paulo assumiu a dianteira no mercado do rádio. Em 1937, a capital paulista e cidades importantes do interior somavam 45% das estações brasileiras, segundo a Associação Brasileira das Emissoras de Rádio e Televisão (Abert). Foi por meio das transmissões dessas emissoras que jovens ansiosos por novidades e cada vez mais apaixonados por música tomaram contato pela primeira vez com as *big bands* americanas.

As rádios, com sua audiência expressiva, impulsionaram grandemente o desenvolvimento da música brasileira. Músicos e cantores foram popularizados por seus programas. Carmen Miranda, Orlando Silva, Vicente Celestino, Francisco Alves, Silvio Caldas, Aracy de Almeida, Emilinha Borba, Noel Rosa, entre outros, eram parte do elenco das emissoras, que, além disso, mantinham orquestras permanentes para seus programas apresentados ao vivo em seus auditórios, oferecendo assim oportunidades de trabalho a um número significativo de profissionais.

Zuza Homem de Mello, no seu já mencionado livro *Música nas veias*, cita as emissoras no Rio de Janeiro que, nessa época, mantinham orquestras regulares em seu *cast*: "Rádio Nacional PRE 8, Rádio Tupi PRG 3, Rádio Mayrink Veiga PRA 9, Rádio Transmissora PRE 3, Rádio Cruzeiro do Sul PRD 2, Rádio Club do Brasil PRA 3 e Rádio Ipanema PRH 8, depois Rádio Mauá"[14].

Outras oportunidades de trabalho para os músicos e cantores ainda eram oferecidas pelos cassinos existentes nas cidades com vocação para o turismo, de veraneio e estâncias hidrominerais que aliavam ao jogo liberado shows musicais e música para dançar, exigindo a contratação de orquestras permanentes.

Nesse contexto socioeconômico e cultural propício, era fértil o terreno para o nascimento das orquestras nacionais, entre as quais as orquestras de baile do interior de São Paulo, o estado mais favorecido pelo processo de industrialização e urbanização. Iniciava-se, assim, um momento riquíssimo para a música, a sociabilidade e o lazer: a era das orquestras de baile, que produziu a trilha sonora de anos em que o Brasil queria muito dançar, cantar e ser feliz.

---

[14] Zuza Homem de Mello, *op. cit.*, p. 103.

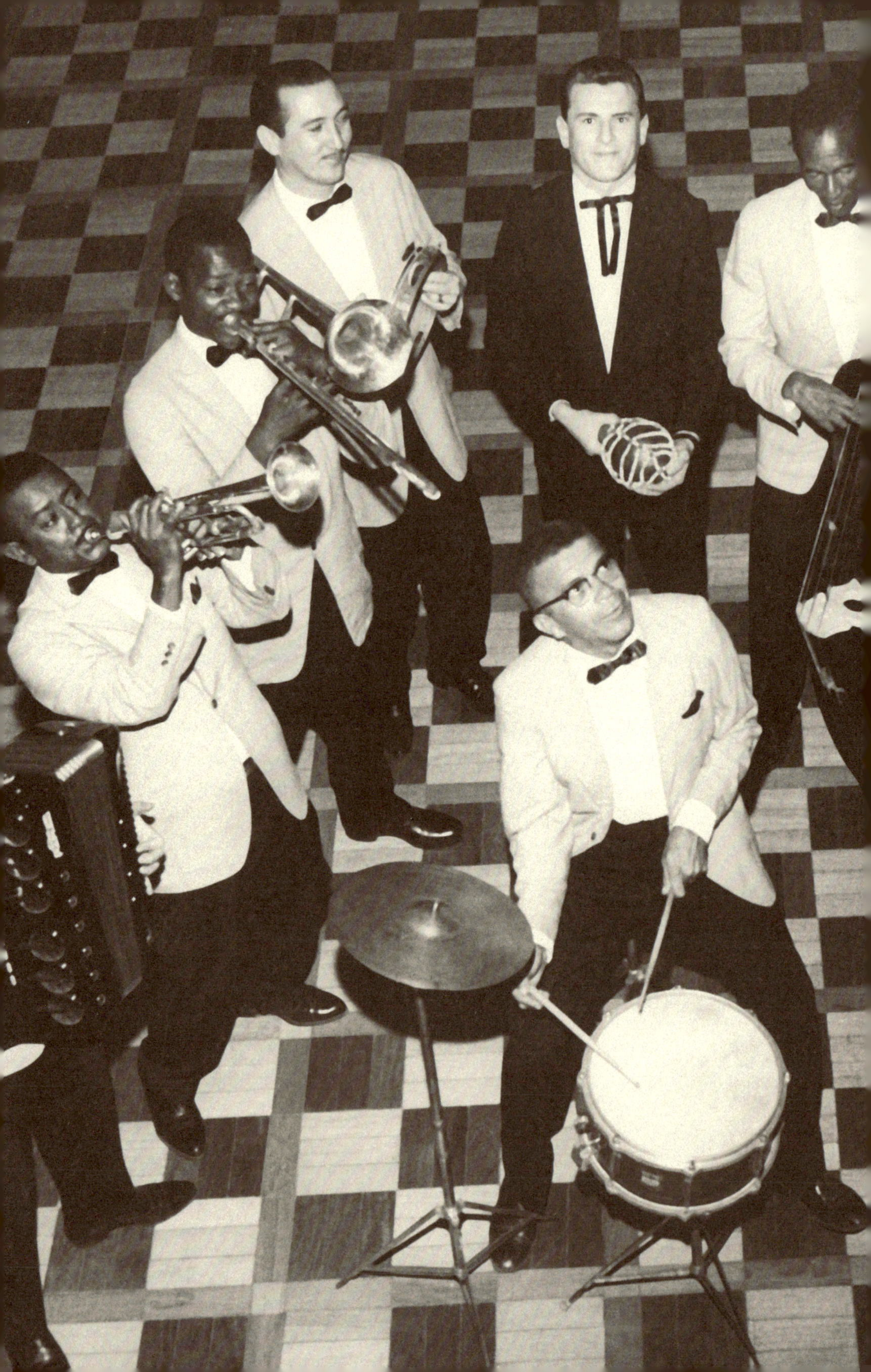

O encanto do canto orfeônico
e das bandas de coreto e a política da boa vizinhança

É recorrente a tese de que o fim da era de ouro das orquestras de baile está relacionado à mudança da sensibilidade musical na sociedade brasileira. Além disso, esse declínio estaria ligado à inevitável transformação de gostos, gestos e atitudes éticas e estéticas, ocorrida por reflexo das metamorfoses políticas, sociais e culturais do mundo contemporâneo.

O advento dos instrumentos eletrônicos é apontado como um dos elementos responsáveis pelo declínio das orquestras do interior de São Paulo, já que o modelo de música baseado em um número reduzido de músicos mostrou ser economicamente imbatível. Não era possível, para as orquestras de grande contingente e logística complicada, competir com aqueles grupos mínimos de jovens que espelhavam o espírito da época.

Sob tal linha de raciocínio, as orquestras não teriam acompanhado as novidades musicais, nem se adaptado às novas tecnologias, à nova ordem socioeconômica internacional. Assim, convocar uma orquestra para animar um baile poderia soar como algo anacrônico, uma iniciativa nostálgica, porque o baile como era conhecido já não existia mais.

Como veremos nos capítulos dedicados às orquestras paulistas, essa é uma meia verdade. As orquestras procuraram se adaptar, sim, às mudanças nos gostos musicais de sua época. E aquelas que sobreviveram, mesmo que com perfil diferente do que tinham nos dourados anos 1950 e 1960, de fato passaram até a inserir em seu repertório canções dos novos tempos, não deixando de despertar olhares enviesados dos puristas. O segundo disco da Orquestra Nelson, de Tupã, uma das mais antigas e importantes, é um grande exemplo.

A sensibilidade para a música mudou efetivamente e uma das explicações para isso está no lamentável divórcio ocorrido, a partir da década de 1970, entre educação básica e educação musical no Brasil. Assim, quando se pensa nos motivos do declínio das orquestras e de tudo o que elas representavam em termos de música de ótima qualidade, é preciso avaliar as graves consequências da separação nada amigável, além de sacramentada com tinturas ideológicas e políticas, entre o ensino de artes em geral e a educação de base.

Um ingrediente de ordem cultural, social e política está, com efeito, na base da proliferação de orquestras no interior de São Paulo entre as décadas de 1940 e 1950. Tal ingrediente é a presença com grande força do ensino de música na educação básica no estado (e, de alguma forma, pelo menos na lei, em outras partes do país) entre as décadas de 1920 e 1950 – e também na de 1960, embora já com menor vigor.

O ensino musical na educação básica era decorrente da importância que o movimento de canto orfeônico assumiu em território paulista. Muitos dos componentes das orquestras de São Paulo no período tiveram seu primeiro contato com a música por meio do canto orfeônico nas escolas. E assim era com todos os privilegiados que frequentavam o Grupo Escolar na época – lembrando que os índices de escolarização eram muito menores do que os atuais.

Existia, enfim, a partir dos bancos escolares, uma maior e melhor preparação para o universo musical do que nos tempos atuais de tanta informação disponível em razão das novas tecnologias. Este é um dos fundamentos da multiplicação de excelentes orquestras no interior paulista em meados do século XX, além de uma das explicações para o denso mercado que elas construíram.

Leis que preconizam o ensino de música nas escolas não são raras no Brasil. O ensino de "noções de música" e "exercícios de canto", em escolas primárias de 1º e 2º graus e normais (de magistério), era previsto no Decreto Federal nº 331A, de 17 de novembro de 1854.

No marco da Reforma Rangel Pestana, a Lei nº 81, de 6 de abril de 1887, estipulava a obrigatoriedade do canto coral nas escolas públicas de São Paulo. Já em função da Reforma Benjamin Constant, decorrente do vitorioso movimento republicano, o decreto nº 981, de 8 de novembro de 1890, previa aulas de elementos musicais nas escolas primárias e secundárias.

Todas essas leis esbarravam na dificuldade de capacitar professores para ministrar o ensino regular de música. Um movimento mais efetivo, e que realmente ampliou a educação musical nas escolas, viria com a expansão do canto orfeônico, nas primeiras décadas do século XX.

A paternidade da expressão "orfeônico" é atribuída ao francês Bouquillon-Wilhem, que a utilizou em 1833. O termo se refere ao mito grego de Orfeu, que com sua lira teria encantado a todos em seu tempo. Depois da França, o canto orfeônico se espalhou por outros países[15].

No Brasil, os pioneiros do canto orfeônico foram os paulistas João Gomes Júnior (1868-1963) e Carlos Alberto Gomes Cardim (1875-1938), ligados à Escola Caetano de Campos, em São Paulo, além dos irmãos de origem espanhola Lázaro e Fabiano Lozano, vinculados à Escola Complementar em Piracicaba. Os nomes de Honorato Faustino, João Baptista Julião e Elias Álvares Lobo também são citados por pesquisadores como importantes para o início do canto orfeônico no Brasil. Gomes Júnior e Gomes Cardim eram filhos de maestros. Os irmãos Lozano eram filhos de mãe pianista e estudaram música no Brasil e na Espanha, onde viveram por algum tempo[16].

O Decreto nº 1750, de 8 de dezembro de 1920, consagrou a chamada Reforma Sampaio Dória na educação em São Paulo, que estipulou a presença do orfeão nas escolas públicas. A disciplina ainda recebia o título de "música", pois apenas em 1930 a expressão "canto orfeônico" foi sacramentada como o nome da disciplina.

---

[15] Ednardo Monteiro Gonzaga do Monti, "Canto orfeônico: os ideais cantados do Estado Novo", *Travessias*, vol. 2, nº 1, Programa de Pós-Graduação em Letras, Cascavel-PR: Unioeste, 2008, p. 5.

[16] Renato de Sousa Porto Gilioli, *"Civilizando" pela música: a pedagogia do canto orfeônico na escola paulista da Primeira República (1910-1930)*, dissertação de mestrado, Programa de Pós-Graduação em Educação da Universidade de São Paulo, 2003, p. 99.

De forma geral, o movimento do canto orfeônico tinha como conceito a "civilização por meio da música". Esta era uma ideia que muito agradava ao movimento republicano, e particularmente à elite cafeicultora paulista, que disputava a supremacia cultural, econômica e política do país com o Rio de Janeiro, então ainda o centro do poder federal.

Contudo, foi a partir do Rio de Janeiro que o canto orfeônico alcançou expressão nacional, ou no mínimo para além das divisas paulistas, pelo empenho do grande maestro e compositor Heitor Villa-Lobos (1888-1959). O Decreto Federal nº 19.890, de 18 de abril de 1931, de Getúlio Vargas, estipulou o ensino de canto orfeônico nas escolas brasileiras, no contexto da chamada Reforma Francisco Campos na educação[17].

O epicentro do movimento de canto orfeônico capitaneado por Villa-Lobos foi a Superintendência de Educação Musical e Artística (Sema), ligada à Prefeitura do Distrito Federal, ou seja, o Rio de Janeiro[18]. A Sema foi fundada pelo grande educador Anísio Teixeira, um dos líderes que tentaram ampliar os estreitos horizontes da educação no Brasil. Concentrações populares massivas derivaram dessa iniciativa. Tornou-se célebre uma reunião de 12 mil vozes no campo da Associação Atlética São Bento. O evento foi presidido por Villa-Lobos. Do mesmo modo, uma apresentação no estádio de São Januário, do Vasco da Gama, no Rio de Janeiro, em uma comemoração de Primeiro de Maio, reuniu outras milhares de vozes.

Com marcantes diferenças regionais e maior densidade no Centro-Sul, o canto orfeônico foi fundamental para alicerçar o contato de milhões de crianças e adolescentes com a música na primeira metade do século XX. E as orquestras do interior de São Paulo têm nítida influência dessa atmosfera cultural.

---

[17] Alessandra C. Lisboa, Dorotéa M. Kerr, "Villa-Lobos e o Canto Orfeônico: análise de discurso nas canções e cantos cívicos", Anais do Décimo Quinto Congresso da Associação Nacional de Pesquisa e Pós-Graduação em Música (Anppom), Rio de Janeiro, 2005, p. 416.

[18] Alessandra C. Lisboa, Dorotéa M. Kerr, op. cit., p. 418.

A Lei de Diretrizes e Bases da Educação, sob o nº 4.024, de 1961, trocou a expressão "canto orfeônico" por "educação musical" como disciplina nas escolas. O golpe militar de 1964, estabelecendo uma nova fase na vida política, cultural e social do país, também deixou suas marcas nesse campo. A nova Lei de Diretrizes e Bases da Educação, nº 5.692, de 1971, elaborada durante o governo Médici, extinguiu a educação musical e inseriu a educação artística, que abrangia um amplo leque de áreas. Na prática, a medida provocou o esvaziamento do ensino de música e outras formas de arte e cultura, pois a preferência ficou com o ensino de artes plásticas[19].

Trata-se de mais um fator que explica o declínio das orquestras, uma vez que as novas gerações de estudantes deixaram de ter contato com o ensino musical logo na escola primária, que historicamente era responsável por incutir nos jovens o gosto pela música.

Bandas de coreto

Outro elemento fundamental que explica a proliferação de orquestras de baile nos anos 1940-70 foi a existência de um forte movimento musical ligado às bandas de coreto, que alegravam os centros das cidades por todo o país, mas com forte prevalência no Sul e Sudeste. Os coretos são uma tradição antiga, locais de apresentação de bandas e outros grupos musicais e mesmo de outros atos artísticos. No Brasil, esse foi o nome que os consagrou, enquanto em Portugal eram conhecidos como kioskos (e, depois, quiosques).

Na França, eram chamados de *pavillon de musique* ou *tribune des musiciens*, antes de *kiosque à musique*, já no início do século XX. Em

---

[19] Maria José Dozza Subtil, "A Lei nº 5.692/71 e a obrigatoriedade da educação artística nas escolas: passados quarenta anos, prestando contas ao presente", *Revista Brasileira de História da Educação*, SBHE, Campinas-SP, vol. 12, nº 3 (30), set/dez 2012, p. 147.

inglês, eram denominados *music-kiosk* ou *bandstand*. Na Espanha, havia diferentes expressões para designar a mesma coisa, *templete* ou *tablado*. Na Alemanha, o nome escolhido era *Musikpavillon*. Qualquer que seja o lugar ou o idioma, o sentido é o mesmo: coreto é o lugar, geralmente no meio de uma praça, em que músicos se apresentam, de forma individual ou coletiva. A palavra "coreto" tem origem grega (*khoros*) ou latina (*chorus*); ambas significam "dança".

As bandas de coreto, por sua vez, têm origens militares, ainda que as primeiras bandas de música tenham sido formadas por escravos barbeiros, no Rio de Janeiro, no século XVIII. A partir da década de 1830, foram montadas as bandas da Guarda Nacional, matriz do movimento que se espalhou pelo país.

As bandas municipais, que geralmente se apresentavam nos coretos aos finais de semana, foram a escola musical de muita gente. Delas saíram músicos de renome, como Altamiro Carrilho, Patápio Silva e Anacleto de Medeiros. Muitos músicos importantes das orquestras de baile também tiveram sua escola nessas bandas, as quais estabeleciam forte concorrência entre si.

O declínio da influência das bandas de coreto contribuiu para a crise das orquestras de baile, que deixaram de ter a fonte principal de muitos de seus músicos.

A política da boa vizinhança

Se o canto orfeônico estava associado a certo nacionalismo, a um sentimento cívico de valorização do Brasil e de criação de um país desenvolvido, não é possível esquecer que o ambiente cultural e político que, a partir da segunda metade da década de 1940, possibilitou a proliferação de orquestras no interior de São Paulo foi muito marcado pela influência norte-americana, que sucedeu a forte presença francesa nas artes. A chamada "política de boa vizinhança", implementada por Washington, tinha o objetivo explícito de conquistar a simpatia dos países americanos, como contraponto à força do Eixo, formado por Alemanha, Japão e Itália.

O *front* cultural foi um dos mais ativos e estratégicos para a política de boa vizinhança. Vários instrumentos foram utilizados para ressaltar os valores culturais norte-americanos, e neste cenário as notáveis *big bands* dos Estados Unidos foram muito divulgadas para públicos amplos no Brasil e em outros países do continente.

Os antecedentes da política de boa vizinhança, aplicada com maior força no contexto da Segunda Guerra Mundial, estão na viagem que o presidente Herbert Hoover fez à América Latina logo após sua eleição, em novembro de 1928. A visita não muito comum não passou despercebida pela intelectualidade brasileira. "Hip! Hip! Hoover!/ Mensagem poética ao povo brasileiro/ América do Sul/ América do Sol/ América do Sal/ Do Oceano/ Abra a joia de suas portas/ Guanabara/ Para receber os canhões de Utah/ Onde vem o presidente eleito", ironizou em poema Oswald de Andrade[20].

A década de 1920 foi a era do *jazz*, como denominou o escritor norte-americano F. Scott Fitzgerald. Época de frenesi e surgimento ou cristalização de gênios da música negra, no mesmo momento em que os Estados Unidos viviam a Lei Seca. A crise de 1929 mergulhou o país em uma depressão profunda, dificultando a implementação da política da boa vizinhança com o sul do continente.

Mas essa estratégia voltou com força no contexto do *New Deal* e principalmente no cenário da Segunda Guerra Mundial, quando os Estados Unidos ampliaram os esforços para atrair a América do Sul para o seu lado. Em janeiro de 1943, Getúlio Vargas e Franklin Roosevelt desfilaram com largos sorrisos pelas ruas de Natal. Os Estados Unidos destinaram investimentos ao Brasil, como recompensa pela adesão aos esforços dos Aliados.

Investimentos importantes foram feitos no plano cultural. O organismo-

---

[20] Oswald de Andrade, "Poemas menores", *in* "Poesias Reunidas" (1945), reeditado por Editora Civilização Brasileira, Rio de Janeiro, 1974.

-chave para isso foi o Office for Coordination of Commercial and Cultural Relations between the American Republics [Escritório para a Coordenação das Relações Comerciais e Culturais entre as Repúblicas Americanas], criado em 16 de agosto de 1940 e depois rebatizado como The Office of the Coordinator of Inter-American Affairs [Escritório do Coordenador dos Assuntos Interamericanos].

O alvo era toda a América do Sul, mas o Brasil tinha atenção especial. No início dos anos 1940, nasceu dentro do Copacabana Palace o personagem Zé Carioca, criado por Walt Disney. Este talvez seja o grande símbolo dessa nova amizade (vale dizer que em outros países importantes para os Estados Unidos personagens semelhantes foram criados, entre eles o Panchito, no México, e o Gauchinho Voador, na Argentina). O sucesso de Carmen Miranda em terras norte-americanas foi outro emblema.

A atuação do órgão norte-americano foi forte em várias áreas. Bolsas de estudos foram concedidas a artistas brasileiros, o modelo de jornalismo do *Repórter Esso* passou a ser dominante (o programa estreou oficialmente na Rádio Nacional em 28 de agosto de 1941, mas também faria carreira na TV Tupi, entre 1952 e 1970). Entre outros exemplos, o programa *Um Milhão de Melodias*, da mesma Rádio Nacional, passou a ser patrocinado pela Coca-Cola. O propósito era estimular a produção de músicas brasileiras, ao estilo de ritmos norte-americanos, notadamente o *jazz*. Naturalmente, o fenômeno das *big bands*, fortalecido pelo New Deal, passou a ser difundido amplamente no Brasil. As *big bands* de Tommy Dorsey, Count Basie, Les Elgart, Benny Goodman e Glenn Miller foram especialmente marcantes como modelos para as orquestras verde-amarelas.

É claro que não é possível explicar o surgimento de várias orquestras no Brasil apenas como decorrência dessa política. Vários elementos contribuíram para o nascimento das orquestras, em particular as de São Paulo. No entanto, também não se deve desprezar a influência derivada do novo cenário geopolítico mundial, nascido da Segunda Guerra e que sacramentou os Estados Unidos como potência global.

CAÇULA
TUPÃ

A festa do interior
nas décadas de 1940 a 1960

A industrialização a passos largos foi a marca dos governos Getúlio Vargas e Juscelino Kubitschek, mas as décadas de 1940 e 1950, sobretudo no interior de São Paulo, ainda tiveram forte influência da economia do café, impulsionada pelas ferrovias que continuavam em plena expansão. E foi o binômio café-ferrovias a grande alavanca para a festa do interior em que se transformou a multiplicação das orquestras. Uma época de ouro para o sonho embalado pelos acordes mágicos de saxofones, trombones e trompetes que levaram milhares aos salões da rede de clubes formada em dezenas de cidades do estado.

As *big bands* paulistas nasciam com rapidez semelhante nos pontos mais distantes da capital paulista. A Orquestra Sul América, de Jaboticabal (330 km de São Paulo), a Continental, de Jaú (296 km), a Pedrinho, de Guararapes (545 km), a Nelson, Jasson e Leopoldo, de Tupã (514 km), a Arley, de Catanduva (387 km), a Renato Perez, de São José do Rio Preto (452 km), e a Laércio, de Franca (400 km), são algumas delas. Com suas maravilhosas formações, as principais orquestras do interior foram estruturadas e viveram muito bem (com poucas ainda em atividade), em um tempo em que as comunicações eram ainda muito complicadas.

O trem ainda era o principal meio de transporte e todas essas cidades tinham suas estações ferroviárias, principalmente da Companhia Paulista, sediada em Campinas. No entanto, o deslocamento entre a capital e Tupã ou Guararapes, entre os rios Feio, Aguapeí e Peixe, ainda era uma aventura considerável. E esse foi provavelmente um dos motivos do surgimento de ótimas orquestras, que conseguiram atrair músicos renomados do eixo

Rio-São Paulo para locais distantes da esquina das avenidas Ipiranga e São João, onde ficava o Bar do Ponto. O nome diz tudo, este era o principal local de reunião das feras que iluminavam os bares e clubes paulistanos, o lugar que empresários, maestros ou simples fãs frequentavam regularmente para encontrar os principais músicos da época.

Uma lenda chamada Casé

Uma verdadeira lenda que frequentou o Bar do Ponto, em São Paulo, é o mineiro de Guaxupé José Ferreira Godinho Filho, o Casé. Nascido em 1932, ele foi para muitos o maior saxofonista da história do Brasil e, em sua trajetória, atendeu a muitos convites vindos das terras distantes. Casé tocou em quase todas as grandes orquestras do interior, sendo o mais perfeito emblema de como essas formações tinham um charme especial, pelo misto de boa música com a localização perfeita: sempre havia nas proximidades dos eventos um rio que podia ser visitado rapidamente para uma saborosa pescaria nos muitos momentos de folga entre ensaios e bailes.

Casé e outros seis irmãos são filhos de Izabel e José Ferreira Godinho, de São João Batista da Glória. Cedo o casal se transferiu com o primogênito, Clóvis, para Guaxupé, onde vieram os outros filhos. Lá, José tornou-se sapateiro de profissão, mas sua grande paixão era a música. Assim, ele se dedicou ao trompete, formando um conjunto que tocava em festas, de modo a melhorar a renda familiar.

Esse gosto do pai pela música motivou os filhos Clóvis, Sebastião, José, Walter e Pedrinho a se dedicarem à música e à carreira artística, desenvolvida de 1940 a 1942 em circos que circulavam pela região. Em 1942 a família se fixou em Igarapava, na Usina Junqueira, que tinha sua própria orquestra. Nela os Godinho aprimoraram seus dotes musicais.

Na segunda metade da década de 1940, em São Paulo, Clóvis, então com 17 anos, foi contratado para tocar na Orquestra da Rádio Record e, depois, na Rádio Tupi. Ele levou consigo o irmão José, conhecido como Casé, contratado aos 13 anos. Com a necessária autorização do Juizado de Menores, Casé tocava de paletó e calças curtas.

Clóvis faleceu prematuramente em 1949, tendo encantado a todos os que tiveram a oportunidade de ouvi-lo tocar. Para sempre ele seria o ídolo do irmão Casé, que, mesmo abalado pela morte do irmão, seguiu uma trajetória de grande sucesso na música instrumental brasileira.

Aos 21 anos, Casé empreendeu com um grupo de músicos uma incrível aventura, viajando ao Iraque sem nenhum contrato de trabalho, para tocar em uma boate de Bagdá. Depois de um final de temporada atribulado, ele permaneceu por algum tempo na Europa e retornou ao Brasil em 1954.

Por seu talento musical, Casé passou a gozar de enorme prestígio entre os profissionais brasileiros e os estrangeiros que visitavam o país, atuando nas mais importantes orquestras da época. Mesmo recebendo insistentes convites para atuar no exterior, optou por permanecer no Brasil e não se fixou em nenhum trabalho de longa duração, alternando temporadas nas grandes orquestras de São Paulo com estadias em cidades do interior.

Quem ganhou com isso foram as orquestras do interior, que puderam contar com um músico de altíssimo nível e de extrema generosidade com seus colegas de profissão. Casé procurava sempre repassar sua experiência profissional, o que muito contribuiu para o aprimoramento da qualidade técnica dos seus colegas. Além disso, é possível relembrar muitas histórias sobre suas passagens pelas cidades do interior.

Em 1955, mesmo fazendo enorme sucesso com o Conjunto de Robledo, tocando nas mais finas e elegantes boates de São Paulo, Casé aceitou o convite para fazer parte da Orquestra Mantovani em Assis, a 450 quilômetros de São Paulo. Lá, além de ser recebido por um grupo de instrumentistas excepcionais, ele encontrou um ambiente muito familiar e hospitaleiro, fundamental para sua decisão de permanecer durante algum tempo na cidade. Coisa de mineiro, de gente muito ligada à terra e à água. Ele adorava pescar e realizou muitas excursões aos então piscosos rios da bacia do Médio Paranapanema, acompanhado de um ou outro colega. E rios por ali não faltam: Pavão, Matão, Fortuna, Capivara, Jacu, Cervo, entre outros.

A mineirice o ajudou a se aproximar de um fã improvável. Ele e outros músicos resolveram fazer serenata para o bispo dom Antônio José dos Santos, que foi o primeiro bispo titular da diocese de Assis, e era também mineiro (de Cachoeira do Campo, o histórico distrito de Ouro Preto). Claro, a toada preferida era aquela: "Ó Minas Gerais, ó Minas Gerais, quem te conhece não esquece jamais!". Depois de algumas músicas, houve o convite do bispo para os cancioneiros entrarem. Era a hora do bom vinho. Uma pena essa amizade ter sido tão curta: dom Antônio faleceu em 1956.

Atacado por febre amarela, Casé retornou a São Paulo, onde voltou a tocar nas grandes orquestras, participou de gravações e programas de TV e continuou uma carreira de sucesso sem, entretanto, se fixar em nenhum trabalho definitivo. Seus trabalhos mais estáveis ocorreram no período em que ficou na Orquestra de Sylvio Mazzucca (de 1957 a 1961) e nos quatro anos que durou o Casé e seu Conjunto. Mesmo assim, ele teve muitos trabalhos paralelos, como conta Fernando Lichti Barros, no excelente livro *Casé: como toca esse rapaz!*.

Em 1966, ele foi novamente para o interior. Desta vez para Catanduva, destinado a tocar na J. Rodrigues, chamado por seu pai, que, após temporada na Orquestra Sul América de Jaboticabal, se mudou para Catanduva e ofereceu ao filho condições de trabalho diferenciadas daquelas dos demais membros da orquestra. Casé foi o único a usufruir de uma cabine com leito na viagem de trem entre Penápolis e o sul do Mato Grosso, quando acompanhava a orquestra. Como contrapartida, fez um antológico arranjo para *Harlem Nocturne*, que era uma espécie de cartão de visitas do virtuose[21].

Ele atuou ainda, por uma curta temporada, na orquestra de Leopoldo de Tupã, onde deixou amigos e principalmente admiradores da sua arte. Em 1969 foi convidado para participar da formação da orquestra de Renato Perez em São José do Rio Preto. Os profissionais locais identificam na estadia de Casé um marco divisório na música de orquestra da cidade e da região. Entre os músicos que tocaram com ele na Renato Perez estavam Senô Bezerra, com quem já havia tocado em Tupã, e Ezio Fortuna, com quem havia atuado em Assis, além de Mário Perez, irmão de Renato.

Em 1978, Casé foi tragicamente encontrado morto em um hotel em São Paulo em circunstâncias até hoje não explicadas.

A Era dos Bailes

Em 1986, Tunin Capelozza, um dos fundadores das orquestras Continental, Líder e Capelozza, de Jaú, deu uma saborosa entrevista ao jornalista J. H. Teixeira no *Comércio do Jahu* (edição de 14 de setembro de 1986), como lembrou Luís Henrique Marques em *Jaú em ritmo de baile: reconstituição jornalística da história das orquestras Continental e*

---

[21] Fernando Lichti Barros, *Casé: como toca esse rapaz!*, São Paulo: Nova Ilusão, 2010, p. 103.

Capelozza de Jaú[22]. Seu depoimento sobre um baile animado pela Continental em Araçatuba foi uma descrição sintética e perfeita daquilo que os bailes representaram durante décadas para milhares de brasileiros. No caso, o baile tinha a presença de ninguém menos que a Miss Brasil Martha Rocha. Tunin contou:

> Foi um baile grã-fino mesmo. A toalete das senhoras ficava ao lado do palco. Então, quando passavam as moças que iam à toalete, nós, os músicos, ficávamos boquiabertos e comentávamos se a Martha Rocha seria mais bonita que aquelas que estavam passando ao nosso lado. Seu moço, quando a Martha Rocha apareceu, todas as outras ficaram feias!

Bailes não faltavam: de aniversário da cidade, de debutantes, do Café, da Primavera, de Aleluia, do Natal, de *Réveillon*, de Carnaval, de eleição de Miss. A Miss Jacarezinho, no norte do Paraná, foi eleita durante anos seguidos em bailes animados pela Orquestra Marajoara de Bauru, na virada dos anos 1950 e 1960. Enquanto isso, nos bailes do Clube Atlético Mirandópolis, o popular CAM, tocavam a Sul América e a Pedrinho de Guararapes, entre outras orquestras.

A esses eventos ainda se acrescentavam os bailes de formatura, indispensáveis para a comemoração do encerramento da fase de formação profissional dos jovens, em todos os níveis. De novembro até meados de janeiro de cada ano era a época em que as orquestras tocavam quase que diariamente animando as festas, que eram preparadas com muita antecedência. Esses bailes geravam tal expectativa e assumiam tanta importância como o coroamento dessa fase da vida das pessoas que seu significado se tornava maior que o da própria cerimônia de graduação.

Os bailes eram o mercado, o ganha-pão de cada dia para as orquestras do interior. Eles cumpriam um papel semelhante, guardadas as

---

[22] Luís Henrique Marques, *Jaú em ritmo de baile: reconstituição jornalística da história das orquestras Continental e Capelozza de Jaú*, projeto experimental de bacharelado, Departamento de Comunicação Social da Faculdade de Arquitetura, Artes e Comunicação da Unesp, p. 18.

devidas comparações, ao que os rodeios e festas do peão exercem hoje. As décadas de 1940 a 1960 foram o período em que andar de mãos dadas era o máximo almejado por muitos jovens casais. Nessa época, havia nas cidades do interior poucas atividades que possibilitassem o encontro de novas pessoas.

Nesse cenário, os bailes eram o grande momento, a hora exata para conhecer ou tentar tornar realidade o sonho de tirar aquela jovem para a dança. Apesar de serem eventos até bem conservadores para os padrões contemporâneos, os bailes eram, afinal, a única oportunidade em que os dois, homem e mulher, particularmente o jovem e a jovem, podiam se abraçar e circular pelo salão. Dançar, então, era requisito fundamental. Os pés de valsa saíam na frente na saga das conquistas. Quem era desajeitado nas pistas ficava para trás, restando-lhe o encantamento com as evoluções que muitos casais protagonizavam à frente das orquestras.

Sapatos muito bem engraxados, roupas do último tipo, penteados preparados com muito zelo, paletós e gravatas para eles, vestidos novinhos em folha para elas. A roupa impecável era outro componente obrigatório na grande roda dos bailes do interior, mais um indicativo de como esses eventos cumpriam um papel crucial na sociabilidade em meados do século XX, assim como também tinham importante peso econômico na vida local. Era necessário não ir com vestido igual ao da amiga; era importante superar o amigo no quesito paletó.

Zuza Homem de Mello, no já citado *Música nas veias*, descreve com brilhante precisão o cerimonial básico da formação dos pares para a dança nos bailes:

> cada rapaz tratava de sair correndo para tirar sua namoradinha e dançar de rosto colado e mãozinha esquerda agarrada, consideradas etapas já bem avançadas no decurso de um namoro estável. Na tentativa de uma nova conquista, a partir da proposta para dançar, ele se arriscava a levar tábua da estranha que não estivesse a fim. O local estratégico para engatar o pedido às desconhecidas era a saída do toalete, de onde elas

vinham perfumadinhas, com a maquilagem retocada, e podiam ser pegas de surpresa. Às vezes dava certo, pois algumas já ingressavam no toalete de caso pensado, sabendo que, à saída, nem teriam de chegar ao final do corredor dos gabirus enfileirados de ambos os lados para ouvir o convite. A conquista dependia muito da lábia, de um galanteio original e da capacidade em conduzir com firmeza a dama pela cintura, a fim de que se sentisse segura nos passos. Dois pra lá, dois pra cá e os pares faziam a pista pelas bordas no sentido anti-horário. Quando começava a atracação, a primeira providência era rumar para o centro do salão e sumir da vista das vigilantes mamães, de prontidão por quase toda a noite[23].

Retratos do baile

Duas canções retratam bem o que eram os bailes nessa época.

Eu sonhei que tu estavas tão linda
O romantismo do baile pode ser entendido na letra da bela valsa de Lamartine Babo (1904-1963) para a música de Francisco Matoso (1913-1941), cuja primeira gravação foi realizada por Francisco Alves (1898-1952) em 1941.

Eu sonhei que tu estavas tão linda
Numa festa de raro esplendor,
Teu vestido de baile, lembro ainda
Era branco, todo branco, meu amor!
A orquestra tocou umas valsas dolentes,
Tomei-te aos braços, fomos dançando, ambos silentes...
E os pares que rodeavam entre nós,
Diziam coisas, trocavam juras à meia voz.

---

[23] Zuza Homem de Mello, *op. cit.*, p. 127.

Violinos enchiam o ar de emoções
E de desejos uma centena de corações.
Pra despertar teu ciúme tentei flertar alguém,
Mas tu não flertaste ninguém!
Olhavas só para mim,
Vitórias de amor cantei,
Mas foi tudo um sonho... Acordei!

Cheek to cheek

O clima do baile tem uma boa tradução também na canção que Irving Berlin (1888-1989) fez para o filme *O picolino* [Top Hat], de 1935, no qual Fred Astaire (1899-1987) e Ginger Rogers (1911-1985) dançam enquanto o próprio Astaire canta.

Heaven, I'm in heaven
And my heart beats so that I can hardly speak
And I seem to find the happiness I seek
When we're out together dancing cheek to cheek

Heaven, I'm in heaven
And the cares that hung around me through the week
Seem to vanish like a gamblers lucky streak
When we're out together dancing cheek to cheek

Oh, I love to climb a mountain
And to reach the highest peak
But it doesn't thrill me half as much as dancing cheek to cheek

Oh, I love to go out fishing
In a river, or a creek
But I don't enjoy it half as much as dancing cheek to cheek

Dance with me
I want my arm about you
That charm about you will carry me through to...

Heaven, I'm in heaven
And my heart beats so that I can hardly speak
And I seem to find that happiness I seek
When we're out together swinging cheek to cheek

Come on and dance with me
I want my arm about you
That charm about you will carry me through
Right up to...

Heaven, I'm in heaven
And my heart beats so that I can hardly speak
And I seem to find that happiness I seek
When we're out together dancing
Out together dancing
Out together dancing cheek to cheek!

Que em tradução livre seria:

De rosto colado
Paraíso, estou no paraíso
E meu coração bate tanto que eu mal posso falar
E pareço encontrar a felicidade que procurei
Quando nós estamos juntos lá fora dançando de rostos colados

Paraíso, estou no paraíso
E as perturbações que me angustiaram durante a semana

*Parecem desaparecer como um golpe de sorte em uma loteria
Quando nós estamos juntos lá fora dançando de rostos colados*

*Oh, eu amo subir uma montanha
E alcançar o pico mais alto
Mas isto não me emociona nada como dançar de rosto colado*

*Oh, eu amo sair para pescar
Em um rio ou riacho
Mas eu não me divirto nada como quando danço de rosto colado*

*Dance comigo
Eu quero meu braço ao seu redor
Este encanto ao seu redor me conduzirá para o...*

*Paraíso, estou no paraíso
E meu coração bate tanto que eu mal posso falar
E pareço encontrar a felicidade que procurei
Quando nós estamos juntos lá fora dançando de rostos colados*

*Venha e dance comigo
Eu quero meu braço ao seu redor
Este encanto ao seu redor me conduzirá
Direto para o...*

*Paraíso, estou no paraíso
E meu coração bate tanto que eu mal posso falar
E pareço encontrar a felicidade que procurei
Quando estamos juntos lá fora dançando
Juntos lá fora dançando
Juntos lá fora dançando de rostos colados*

Acima de tudo, claro, havia o vaivém das orquestras, para as quais não faltava trabalho, muito pelo contrário. Elas chegavam a fazer mais de 100 bailes por ano. Nelson e sua Orquestra Tupã fizeram, entre os meses de outubro e dezembro de 1958, uma excursão com duração de 62 dias pelo sul do país, indo até Porto Alegre e Pelotas, tocando em um total de 58 bailes. A Orquestra de Pedrinho de Guararapes no mês de dezembro de 1959 tocou em 29 bailes, só não trabalhando na véspera e no dia de Natal. Os Modernistas de São José do Rio Preto, num mês de dezembro, superaram a todos, tocando em 32 bailes, sendo um no período da tarde.

Em 1946, o presidente Eurico Gaspar Dutra decretou o fim dos "jogos de azar" e o consequente fechamento dos cassinos no Brasil. Era o fim de uma era na qual os cassinos se destacavam como um dos mais importantes espaços para apresentação de grupos musicais de alta qualidade e de oferta de empregos permanentes para os músicos.

A medida ocasionou a busca, por parte desses músicos, de outros espaços e locais de trabalho. Uma alternativa estava nas orquestras de baile, então em processo de ampliação e de melhoria técnica. Nessas orquestras havia oferta permanente de trabalho, o que sem dúvida era uma garantia para os músicos que brilhavam nas capitais, mas que de vez em quando gostavam de procurar uma vida mais tranquila, um tempo de pouso no fundão de São Paulo. Eles sabiam que não ficariam sem trabalho no interior, onde sempre foram recebidos com carinho e regalias.

Símbolos nacionais

Apesar de serem obviamente influenciadas pelas *big bands* norte-americanas, se esmerando na reprodução ou recriação dos principais *hits* do *jazz* e de outros estilos dos Estados Unidos, as orquestras do interior paulista sempre fizeram questão de demonstrar o seu nacionalismo. As *big bands* paulistas eram acima de tudo verde-amarelas. Essa marca estava presente em seu repertório e nos vários símbolos que utilizavam, reflexo perfeito do momento de euforia que o país viveu, apesar de todas as dificuldades, entre as décadas de 1940 e 1960.

A Sul América enfatizava e valorizava, na denominação, sua origem sul-americana, com toda a peculiaridade da região. Duas outras orquestras tiveram seus nomes inspirados em temática indígena. É o caso da orquestra Marajoara, que levava no nome a marca da cultura do povo que habitou a Ilha do Marajó por cerca de mil anos, até o século XV. Já a Cacique de Pinhal teve o nome escolhido por seus integrantes a partir de uma relação de denominações associadas ao universo indígena: Guarani, Tabajara, Tapajós, Guararapes, Tamoio, Marajoara, Tupinambás, Tocantins e a escolhida Cacique[24].

Durante muito tempo a Orquestra Continental de Jaú circulou no ônibus Chevrolet batizado de Martha Rocha. Depois a Continental passaria a trafegar, pelas precárias estradas do interior, com outro ônibus Chevrolet, batizado de Adalgisa Colombo, a Miss Brasil das ousadas pernas sem *pancake* que também foi vice-campeã no Miss Universo em 1958, o ano emblemático da primeira Copa do Mundo conquistada pela Seleção.

O para-choque dos dois bravos ônibus que serviram à Continental continha a inscrição "Terra de Ribeiro de Barros". Mais um símbolo de orgulho nacional, no caso, resgatando o nome do aviador jauense João Ribeiro de Barros, autor da proeza de atravessar o Atlântico Sul, em 1927, a bordo do hidroavião Jahu, em um feito que entrou para a história da aviação mundial.

Já o maestro Nelson de Castro, o Nelson de Tupã, levou a defesa da pátria ao extremo. Ele integrou a Força Expedicionária Brasileira (FEB) que foi atuar na Itália, durante a Segunda Guerra Mundial. Voltou, foi condecorado e passou a lutar de corpo e alma em outro *front*, o da música, liderando uma das principais orquestras do interior da época de ouro dos anos 1950.

---

[24] Gecil Ignacio Buldrini, *Reminiscências de uma grande orquestra*, Espírito Santo do Pinhal: Gráfica Pinhalense, 2002, p. 24.

Geralmente à sombra dos cafezais que ainda geravam importante riqueza, e sob o impacto das ferrovias, essas cidades se tornaram campo fértil para a música e outras linguagens artísticas. A euforia que estava no ar na metade do século XX chegou às terras do interior, sob o signo das orquestras que tocavam a esperança, a alegria e a comunhão entre as pessoas. O Brasil também se fez nas pistas de dança animadas pelas *big bands* paulistas.

Mantovani, uma orquestra de craques

Por tudo o que seus integrantes representam, a Orquestra Mantovani foi particularmente recheada de craques. Ela brilhou rapidamente desde Assis na mágica década de 1950 e são raros, infelizmente, os registros que ela deixou.

A seleção da Mantovani foi escalada assim mesmo, como um time de futebol. As contratações eram feitas pelo chefe, o maestro Antônio Silvio Mantovani. Em locais como o Bar do Ponto, na capital, ele fazia a prospecção e os primeiros contatos. Ele tinha paciência para convencer os nomes que queria ver no grupo. Alguns demoravam a responder, outros tinham reação positiva instantânea. E assim, com faro de olheiro que pesca craques na várzea, mas no caso sabendo onde as feras se reuniam, Mantovani montou sua grande orquestra.

Mas Mantovani também teve os seus próprios auxiliares técnicos. Um deles era saxofonista da orquestra, Marinho Gomes, que tempos depois brilharia nas noites de São Paulo e na Orquestra de Sylvio Mazzucca. "O Marinho era desse campo e ia dando as dicas, como no futebol, indicando um centroavante aqui, um ponta bom ali, e meu filho ia atrás", conta Ermelindo Mantovani, pai do maestro, 91 anos, na entrevista realizada em março de 2013.

Orquestra Mantovani de Assis nos anos 1950
Mauro (acordeom) – Romildo (violão) – Nico Batera (bateria) – Laércio Piovesan, João Godoy e Miro (trompetes) – Fumaça (contrabaixo) – Casé, Marinho Gomes e Arnoldo (saxofones) – Em pé: Quiqui (cantor) – Antônio Silvio Mantovani (maestro)

A grande estrela da orquestra foi de fato o saxofonista Casé, que, voltando de atribulada temporada no Oriente Médio, aceitou o convite de Marinho para integrar a Mantovani. Foi a primeira das muitas orquestras do interior que ele integrou, nela permanecendo até ter sido acometido pela febre amarela que forçou seu retorno à capital.

Booker Pittmann é outro nome do firmamento da Orquestra Mantovani, além de dono de uma biografia animada e tumultuada como a de Casé. A família Pittmann era muito conhecida e respeitada em Dallas, Texas, onde Booker nasceu em 1909. Consta que a primeira universidade americana para negros, o Tuskegee Institute, teve o pai, também Booker, entre os criadores. O DNA musical foi herdado da mãe, Portia, que teria dado aulas para Budd Johnson e Sam Price, entre outros conhecidos *jazzmen* da efervescente década de 1930.

Em pouco tempo, Booker Pittmann estava imerso no *jazz*, primeiro em Kansas City e depois tocando com Louis Armstrong e Count Basie, entre outros, antes de ir para a Europa, em 1933. Foi lá que teve o primeiro contato com o Brasil, por intermédio do carioca Romeu Silva (1893-1958), importante músico que gravou com muita gente boa e teve uma orquestra que excursionou por vários anos pelo cenário europeu, com o apoio do governo brasileiro. Em 1935, quando retornou ao Brasil, Romeu trouxe Booker, além do cantor Louis Cole e outros músicos estrangeiros.

Após passar por vários estados brasileiros, Booker foi para a Argentina e voltou primeiro para São Paulo e depois rumou para o norte do Paraná. Foi lá, em Jacarezinho, que Antônio Mantovani encontrou o grande clarinetista texano, agora quase um brasileiro. Não demorou e Booker estava em Assis, na Orquestra Mantovani, ao lado das outras lendas. Na cidade paulista encontrou certa paz, nela passou parte da infância a futura cantora Eliana Pittmann. Vez ou outra, o músico pedia o drinque preferido. "Era cachaça com sodinha", lembra Ermelindo. Booker se mudou para o Rio de Janeiro, onde chegou a tocar, entre outros, com Roberto Carlos. Faleceu em 1969.

O trompetista Laércio Piovesan, que, após passar pelas Orquestras de Tupã, teria sua própria orquestra em Franca, também integrou esse grupo. O mesmo fez o pianista e acordeonista Luiz Mello, que depois teve grande sucesso em São Paulo, principalmente nas apresentações jazzísticas com Dick Farney e outras *feras* da capital paulista. A orquestra também contou com o trompetista argentino Juan Salazar, que já havia integrado, entre outros grupos de destaque em seu país, o Santa Anita Sextet, ao lado do sax-tenor de Chino Ibarra, o clarinetista Panchito Cao e o renomado pianista Enrique Mono Villegas.

E tinha mais. O guitarrista Ayres da Arruda, que tocou por muito tempo na Nelson de Tupã, voltou a São Paulo e foi sucesso em várias casas noturnas. Outros foram o cantor Quiqui e os irmãos Fortuna, Ezio e Clésio. Este, saxofonista, depois de passar por outras orquestras, acompanharia, desde os anos 1970 até hoje, a banda de Roberto Carlos. Os irmãos Fortuna eram filhos do sapateiro Cornélio, músico amador que os incentivava. A música foi sempre passada de geração a geração, também na Orquestra Mantovani.

Uma pena que são raríssimos os registros documentais sobre essa grande formação. Um brilho fortíssimo no céu exuberante das orquestras do interior paulista.

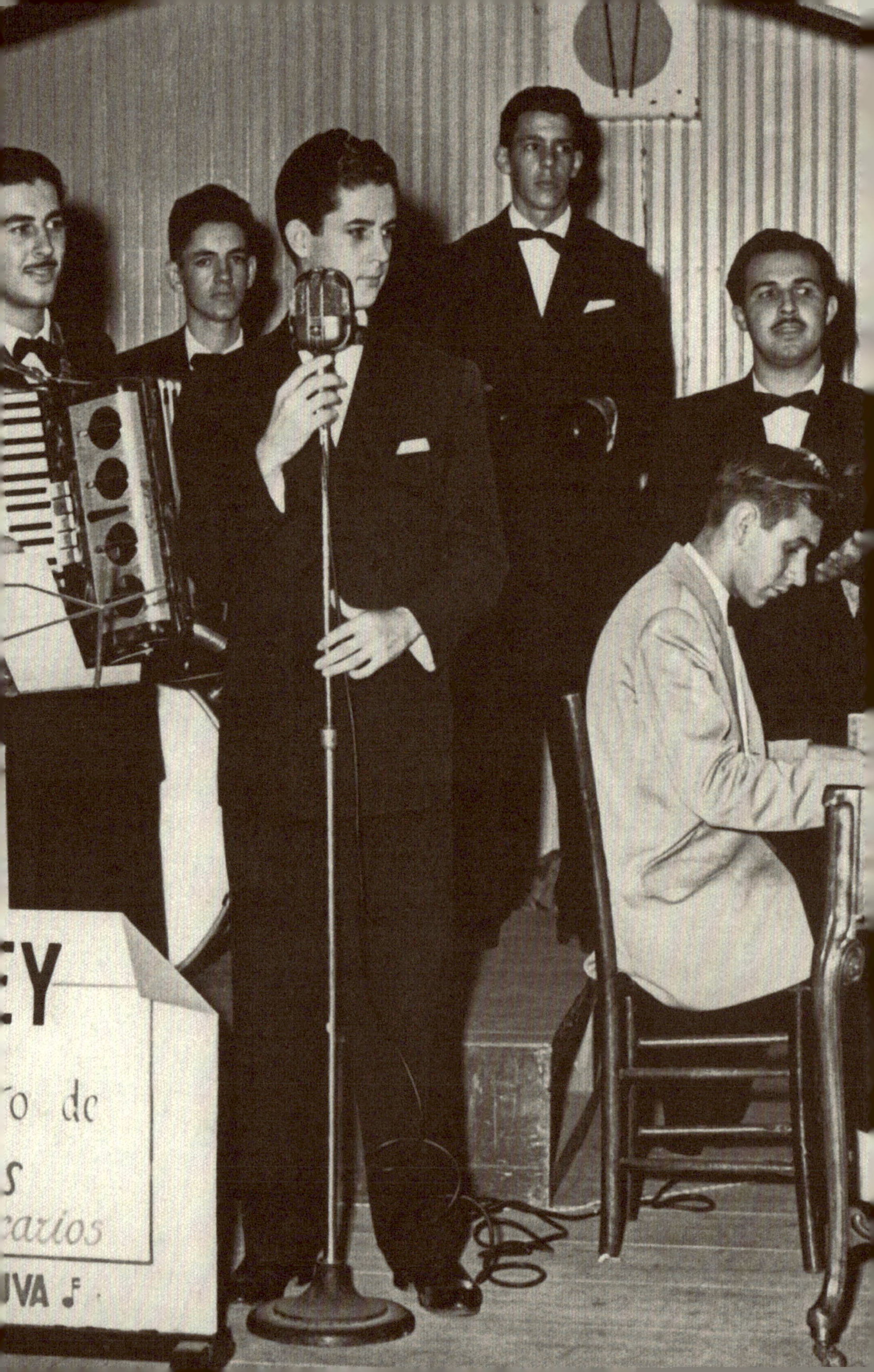
EY
to de
s
carios
UVA

Estação Catanduva
Arley e sua Orquestra continuam a magia das orquestras na Cidade Feitiço

No dia 28 de março de 2013, o Sesc Catanduva promoveu mais um Ponto de Encontro para a Terceira Idade. No palco, convidados muito especiais: Arley e sua Orquestra, que desfilaram os sucessos que movimentaram gerações e provocam encanto sempre que são resgatados. Ao microfone estavam esposa e filho do maestro, Osméri e Flávio. Essa família resume a história de persistência, dedicação e amor à música, síntese da trajetória de décadas das orquestras de baile do interior paulista.

Arley e sua Orquestra é uma das poucas que seguem em atividade, ao lado da Sul América de Jaboticabal e da Leopoldo e sua Orquestra Tupã. Como nos bons tempos, Arley animou o Carnaval de 2013 do Caiçara Clube de Jaú. A magia da música não para, sempre gera laços profundos. A história da família que conduz a orquestra há anos não deixa dúvidas disso.

Em 1970, Arley estava à procura de uma cantora. Foi a Mogi Mirim para tentar convencer a cantora Iara Medeiros, que chamava atenção por onde passava. Mas Iara não podia, em razão dos compromissos já assumidos em São Paulo. Ela sugeriu: "Por que você não contrata a minha irmã? Ela é melhor que eu!".

Arley aceitou fazer o teste e levou as irmãs Medeiros para Catanduva. Iara acompanhou o ensaio da irmã Osméri, que foi imediatamente contratada. Tempos depois ela se tornaria a senhora Arley Mazzuia, além de titular do microfone. E em 1971 nasceu o filho Flávio, que hoje canta com a mãe, fazendo os vocais da orquestra.

A Arley e sua Orquestra resiste como um símbolo da força das orquestras do interior. Claro, sem a atmosfera de outras épocas: o formato da orquestra e o repertório não são os mesmos, mas, entre um sertanejo e

Arley e sua Orquestra (1954-)
Clóvis "Baixinho" (ritmista) – Bixo (bateria) – Sebastião Bernardes (violão) – Antenor (contrabaixo) – Manzano (ritmista) – Heber (cantor) – Dante Volante e Antônio Garcia Filho (trompetes) – Antônio Filho Barbosa, Ademar Fonseca e Fernando Mazzuia (saxofones). Ao centro, o maestro Arley Mazzuia.

um axé obrigatórios, são relembradas as canções que encheram corações de alegria desde as primeiras décadas do século passado.

A Cidade Feitiço

Catanduva é um dos grandes exemplos da importância das ferrovias para o crescimento econômico do interior paulista. Esse é um dos ingredientes cruciais para a multiplicação de boas orquestras em pontos distantes da capital. No caso, a estação é anterior à própria cidade.

A Estação Villa Adolfo da Estrada de Ferro de Araraquara (EFA) foi inaugurada em 1920, no então distrito homônimo de São José do Rio Preto. Foi o impulso que faltava para a expansão da comunidade. Em 14 de novembro de 1917, havia sido criado o município de Catanduva. As terras ocupadas por arroz, café e milho rapidamente foram tomadas, em proporção crescente, pelo café. O crescimento foi rápido e gerou reflexos na área artística e cultural. Ainda no distrito de Villa Adolfo, na esquina das ruas Paraíba e Brasil, funcionava o Central Cinema, de João Spanazzi, que também seria responsável pela fundação posterior do Ideal Cinema e Bar. Em 1926, foi inaugurado o Cine Teatro São Domingos, na praça da República.

Em 10 de março de 1916, circulou a 1ª edição de *O Município*, de Deodato Vieira da Silva. Era o primeiro jornal de Catanduva, já em 1919 com o nome de *A Comarca*. Depois foram criados *A Renascença* e *A Cidade*, entre outros. O primeiro grupo teatral catanduvense foi formado pelo alfaiate Vicente Giglio, um amante das artes e da leitura. Suas duas filhas, Dirce e Dulcina, chegaram a gravar disco na Rádio Difusora. Outro filho, Danton, foi o criador do Teatro Amador de Catanduva.

O Carnaval de rua tem enorme tradição em Catanduva. Consta que os primeiros festejos ocorreram nos dias 6 e 7 de setembro de 1917, com animação da Banda 24 de Julho, para comemorar a promoção do distrito de Villa Adolfo a município. Os primeiros cordões apareceram na década de 1930. Por muitas décadas o Carnaval de rua catanduvense foi considerado um dos melhores do interior do Brasil. A Banda 24 de Julho foi criada em 1914 e era regida pelo maestro Ernesto Scorza Carvalheiro.

No campo religioso, um ponto de visita obrigatório é a igreja Matriz de São Domingos, que apresenta telas de Benedito Calixto. A indicação do nome de Calixto como decorador da igreja foi uma iniciativa do primeiro juiz da nova comarca, Dr. Mergulhão Lobo, e do padre Albino Alves da Cunha e Silva, um mito na história de Catanduva, onde viveu a partir de 1918.

Nos anos 1940, surgiu a expressão "Cidade Feitiço" para caracterizar Catanduva, como uma homenagem à hospitalidade demonstrada pelos habitantes. Na cidade enfeitiçada pela música, onde dançar sempre foi uma celebração, era fértil o campo para o aparecimento de conjuntos de baile.

Em 1922, nasceu a Jazz Band Bico Doce, idealizada por Clóvis Cordeiro. O nome da banda se deve a uma expressão comum entre os jovens da época, usada quando um dos amigos não se animava a beber no mesmo copo dos colegas, o que era uma tradição. Mas esse nome durou pouco, e logo o grupo passou a se chamar Jazz Band Catanduva, que atuou até 1929.

Na década de 1940 já existia a Orquestra Sinfônica de Catanduva, regida por Alfredo Morábito. A década de 1950 foi muito produtiva para a Orquestra Marajoara, dirigida por Mário Silva e que contava com os cantores Bernadete e Baltazar, os trombones de Eurico e Onofre, os trompetes de Antônio Garcia, Ézio Panza e Ulisses Brigante, a guitarra de Sebastião, o contrabaixo de José Augusto, o ritmo de Tito e os saxofones de João Francisco Paulo Rosin e do grande Renato Perez, que teria uma carreira brilhante em São José do Rio Preto, no Rio de Janeiro e em São Paulo.

Essa era a época das grandes orquestras, e na década de 1960 se destacou a J. Rodrigues. Sua formação tinha o contrabaixo de Olímpio Rodrigues, os trompetes de Eldo Panza, Jorge e Rubens, a bateria de Pedro Rodrigues, a guitarra de Luizinho, os trombones de Armando Maria e Mauro Zacarias, os saxofones de Alceu, Mingo, Miro e Josimar, além de Édson e Geraldo como cantores. Durante algum tempo, a J. Rodrigues foi rival amigável da Arley.

Arley e seu Conjunto de Ritmos em 1956
Santo Massarioli (violão) – Pedro Salles (contrabaixo) – Reinaldo Canoso (acordeom) – Gilberto Pozetti (bateria) – Nilson Aneas (cantor) – Eduardo Cid (maracas) – Juracy Belucci (cantor) – Arley Mazzuia

Cinco décadas de música e baile

Não é para muitos. A Arley e sua Orquestra completou seis décadas de atividade em 2014. É um casamento notável com a música de qualidade e com a mágica do baile, saindo da Cidade Feitiço para o Brasil.

Arley Mazzuia nasceu em Jundiaí em 6 de fevereiro de 1938. Quando tinha dez anos, seus pais, José e Edith, e o único irmão, Fernando, se transferiram para Catanduva. Arley interessou-se cedo pela música, tocando pandeiro e cavaquinho. Ele ouvia a Rádio Nacional, do Rio de Janeiro, e a Difusora, de Catanduva, que tiveram importante papel na disseminação de novos gostos e estilos musicais. Depois veio a gaita de boca, mas o instrumento durou pouco na vida de Arley porque o esforço

Arley e seu Conjunto de Ritmos nos anos 1960
De pé: Antônio Canoso, Juraci Belucci, Arley Mazzuia, Antônio Garcia, Wolney Teixeira. Agachados: Sebastião Bernardes, Fernando Mazzuia, Rui Salles, Francisco Moscatelli, Paulo Morábito

para tocá-lo lhe dava tontura. Não demorou para aparecer o piano, com as primeiras aulas dadas inicialmente pela mãe, professora no Conservatório Santa Cecília. Em pouco tempo, ele passou a ser convidado para tocar em quermesses e festas beneficentes.

Arley chegou a se formar em magistério na Escola Normal Livre de Catanduva, exercendo o professorado por algum tempo. A oportunidade para um salto na carreira musical veio quando Arley formava um trio com Gilberto Luiz Pozetti na bateria e Francisco Moscatelli no baixo. O grupo era escalado para animar as domingueiras entre as 22h e a meia-noite, no Clube dos Bancários de Catanduva, instalado no prédio da Sociedade Italiana. Então, apareceu o convite para a formação de um conjunto para conduzir os bailes do Clube dos Bancários, cujos dirigentes se propuseram a bancar a compra dos primeiros instrumentos.

Em 1954, nascia o Arley e seu Conjunto de Ritmos, que despertou empatia imediata nos dançarinos catanduvenses e do entorno da região. Seu irmão Fernando também se agregou ao grupo, assim como Rui Gabriel, Francisco Moscatel e Paulo Morábito.

O êxito não demorou a chegar. Acrescido de novos participantes, o grupo original se transformou em orquestra e se profissionalizou de modo a obter cada vez mais sucesso em suas sempre mais constantes apresentações. Arley e sua Orquestra tocaram por 22 anos seguidos no Carnaval do sofisticado Clube de Tênis Catanduva. Não é pouco, considerando tratar-se de uma cidade carnavalesca. Para o Carnaval de 1971, Arley criou a marcha "Senador", composta para a campanha vitoriosa de Orlando Zancaner ao Senado, por São Paulo. A letra dizia:

Arley e seu Conjunto de Ritmos na TV Tupi
Antônio Canoso (bateria) – Wolney Teixeira (acordeom) – Antônio Garcia (trompete) – Fernando Mazzuia (saxofone) – Pedro Salles e Rui Salles (violinos) – Arley Mazzuia – Juracy Belucci (cantor) – Sebastião Bernardes (violão)

É Zanca
É Zanca
É Zanca
É Zancaner
Candidato ao Senado
São Paulo elegeu
O mocinho danado
Atingiu o apogeu
Seu povo vibrou
Com grande emoção
Todo mundo gostou
De sua eleição.

Arley e sua Orquestra nos anos 1980
Osvaldo Braga (cantor) – Elmo, Zico, Paulinho Rosin (saxofones) – Arley Mazzuia – Paulão (bateria) – Dante Volante (trompete) – Sebastião Bernardes (violão) – Foca (contrabaixo) – Orlando de Paula e Baixinho (ritmo)

Rádio e televisão também foram campos de atuação da orquestra. Ela participou da inauguração da TV Tupi de Ribeirão Preto, a primeira emissora de televisão do interior paulista, sendo contratada posteriormente para apresentações semanais na sua grade de programação. Depois veio a oportunidade de atuar no programa de Francisco Petrônio, *Real Baile da Saudade*, na Rede Mulher, e com ele estabelecer sólida parceria, realizando grande número de bailes pelo interior do país.

Em outra oportunidade, a Arley substituiu a Orquestra de Sylvio Mazzucca, que, ao fazer excursão ao exterior, a convidou para apresentar-se durante a temporada no *Festa Baile* da TV Cultura acompanhando Agnaldo Rayol, que conduzia o programa ao lado de Branca Ribeiro. Daí, como consequência, veio a oportunidade de também acompanhar o cantor em inúmeras apresentações.

Eles se apresentaram em muitos bailes pelo interior afora e em outros estados, como Goiás. Arley e sua Orquestra é um fenômeno de longevidade, obtida em primeiro lugar pela alta qualidade perseguida por seu dirigente.

Cartaz de divulgação de Arley e sua Orquestra

Arley também sempre esteve atento às mudanças de gosto musical, que acabaram afetando a sustentabilidade de muitas orquestras. Uma flâmula usada como material de divulgação na década de 1960 continha os dizeres: "A preferida pela velha e jovem guarda". Há uma sintonia com o movimento cultural que empolgava a juventude na época.

Um segredo para a vida prolongada da orquestra é a curiosidade de Arley, além de sua inesgotável capacidade e humildade para aprender. Em 1981, ele recebeu o certificado do Curso Intensivo e Prático para Preparação e Reciclagem de Regentes de Orquestras Sinfônicas e Bandas, promovido pela Secretaria Estadual de Cultura de São Paulo.

Foram vários os reconhecimentos recebidos pela orquestra. Em 1988, ela ficou em segundo lugar no Primeiro Festival de Orquestras, realizado na Sociedade Esportiva Palmeiras, em São Paulo. Em novembro de 1998, foi homenageada pelo Rotary Club de Catanduva Norte pelos relevantes serviços prestados à comunidade.

Em março de 2000, Arley e sua Orquestra receberam o Prêmio Destaque do Século XX em evento realizado pelo jornalista Sérgio Rocha em Ribeirão Preto. Em 17 de novembro de 2007, eles estiveram entre os melhores do ano na premiação promovida pelo jornalista César Muanis no Automóvel Clube de São José do Rio Preto. A orquestra ainda recebeu, em 23 de julho de 2005, o diploma de Honra ao Mérito entregue pela Prefeitura Municipal de Jaboticabal e pela Sociedade Filarmônica Pietro Mascagni.

Mas o maior prêmio é a própria longevidade da orquestra, que tem suas estratégias para essa conquista. Formações menores de músicos recebem destaque, dependendo da situação contratada, buscando-se manter uma qualidade musical equivalente à da orquestra. O grande segredo desse sucesso é, sem dúvida, a paixão pela música. Aquele fogo que queima o coração e gera uma energia impressionante. A energia que move corpos e almas e transborda de alegria é uma marca das orquestras que brilharam e brilham no interior paulista desde a década de 1930.

Arley e suas Kombis

Algumas orquestras também ficaram conhecidas pelos ônibus que utilizaram pelas estradas perigosas do Brasil. Já a Arley e sua Orquestra tem uma relação especial com as Kombis, os simpáticos veículos utilitários produzidos no país de 1957 até 2013.

Em março de 1961, houve um grande susto: uma Kombi da família foi furtada. Arley, sua esposa e seu pai, José Mazzuia, faziam uma viagem a São Paulo para adquirir produtos para A Musical, a primeira loja de instrumentos musicais de Catanduva, que fora fundada pela família Mazzuia, tendo como sócio Alfredo Simione e estabelecida à rua Brasil, 276, ainda hoje em funcionamento.

No automóvel encontravam-se diversas mercadorias, entre elas quatro violões de jacarandá, cinco violões nº 8, um bandolim, seis maracas, seis tamborins, um tantan, quatro afuchês, quatro pratos niquelados, dois reco-recos, um xilofone, dois triângulos, além de outros objetos, conforme Boletim de Ocorrência registrado em 17 de março de 1961. As mercadorias haviam sido adquiridas nas renomadas lojas Casa Manon, Irmãos Del Vecchio e Tranquilo Gianinni. O veículo foi encontrado, mas sem a valiosa carga. Essa informação chegou ao maestro por meio do *Programa Moraes Sarmento* da Rádio Bandeirantes, ainda na rua Paula Souza, de cujo titular ele era conhecido.

Mas os Mazzuia permaneceram fiéis à Kombi. Arley e seu Conjunto de Ritmos foi citado em uma longa reportagem institucional de revista especializada sobre usuários ilustres desse automóvel. Vários veículos do mesmo tipo foram adquiridos ao longo dos anos, para transportar os músicos e instrumentos. "Como se vê, a Kombi não é o veículo dos sete instrumentos, apenas. Põe instrumento nisso…", concluía a reportagem, mostrando como o sucesso de uma orquestra também depende desta necessidade básica: o transporte bom e confiável.

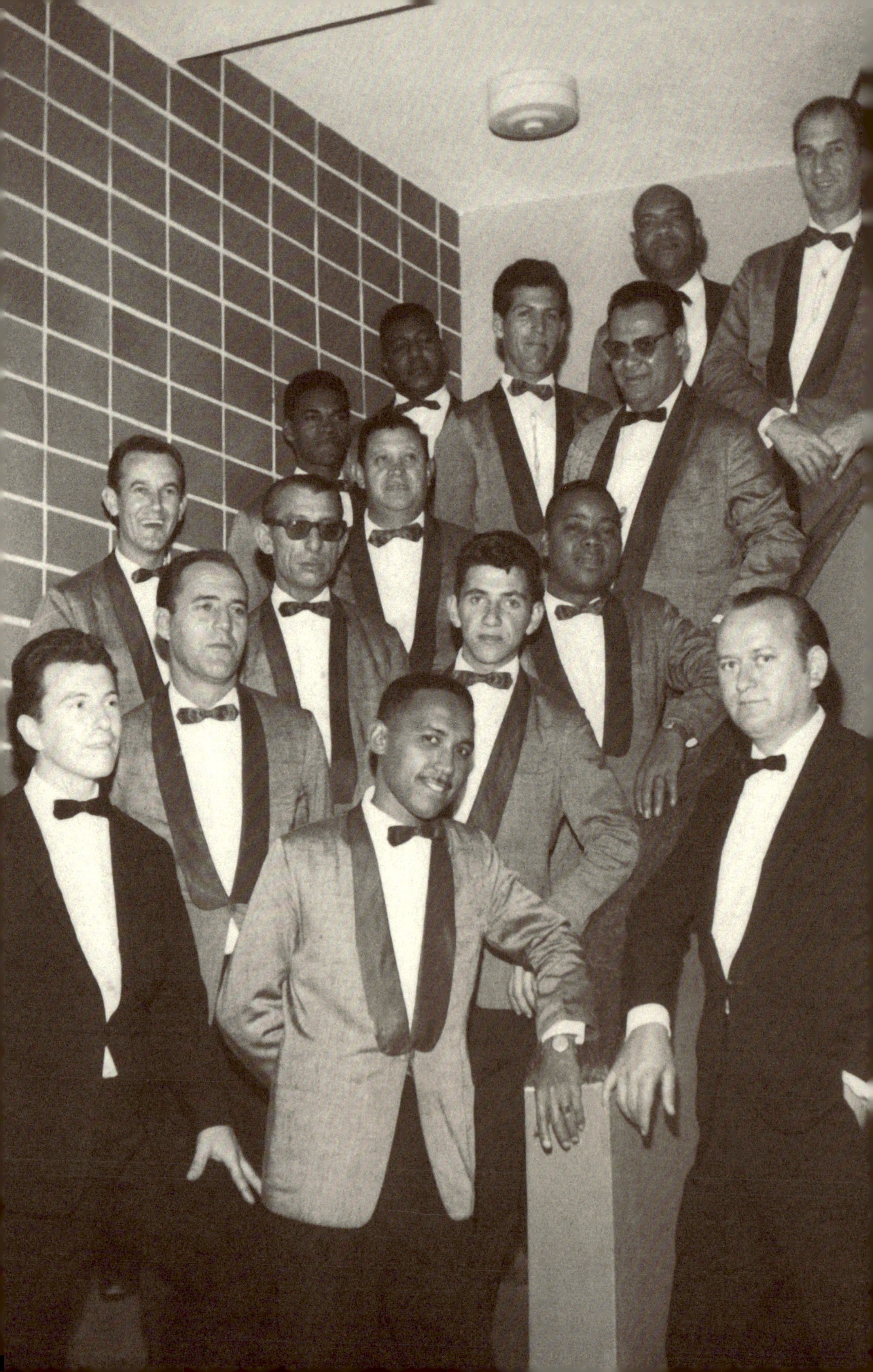

Estação Espírito Santo do Pinhal
A Orquestra Cacique encanta pela emoção e pela qualidade

Em 1949, ano da comemoração do centenário de fundação de Espírito Santo do Pinhal, o maior sucesso do Carnaval no Brasil foi a marchinha "General da Banda":

Chegou o general da banda, ê, ê
Chegou o general da banda, ê, a
Mourão, mourão
É vara madura que não cai
Mourão, mourão, mourão
Cutuca por baixo que ele vai

De autoria de Tancredo Silva, Sátiro Melo e José Alcides, a canção era interpretada pelo cantor e compositor Blecaute, apelido dado pelo Capitão Furtado ao pinhalense Otávio Henrique de Oliveira, nascido em 5 de dezembro de 1919 e falecido no Rio de Janeiro em 9 de fevereiro de 1983. A marchinha, na simplicidade de seus 4 versos, se tornou um dos maiores sucessos do Carnaval brasileiro de todos os tempos e peça obrigatória no repertório dos bailes de Carnaval até hoje.

Embora tenha gravado outros sucessos de Carnaval como "Papai Adão" (1951), "Maria Candelária" (1952), "Piada de salão" (1954), "Maria Escandalosa" (1955), entre outras, Blecaute acabou personificando o General da Banda, que o caracterizou pelo resto da vida.

Nos anos seguintes, enquanto Blecaute fazia sucesso com sua música, em Pinhal uma nova manifestação musical acontecia e deixaria marca na história da cidade. Era o surgimento e o sucesso, na cidade e região, da Orquestra Cacique de Pinhal.

Orquestra Cacique de Pinhal (1955-1998)
Antônio Ferreira Gomes "Capota", Geraldo Luiz de Sousa "Geraldinho" e Antônio Trevisan (trompetes) – João Alberto Dias "Joãozinho" (cantor) – NI (bateria) – Adalberto Golfieri Filho "Beto" (contrabaixo) – João Martucci (violão) – Manoel Carrião Filho "Manezinho" (ritmista) – Gecil Ignacio Buldrini e Décio Alma Torres (trombones) – Guido Martelli, Edésio Scalese, Delvo José Bertoldo, Armando Alma Torres e João Alborgheti (saxofones) – Elsio Alma Torres (trompete e maestro)

O baile estava cada vez mais animado no sofisticado clube de Itatiba no final dos anos 1950. Mas, de repente, tudo parou quando a Orquestra Cacique, de Pinhal, começou as notas de "La Virgen de Macarena". Ato contínuo, todos os casais que circulavam pelo salão se dirigiram para a frente da orquestra e aplaudiram demoradamente a apresentação, que tinha arranjo do maestro Elsio Almas Torres para *jazz*. Desnecessário dizer que, atendendo aos pedidos reiterados do público, a Cacique precisou executar várias vezes a mesma música.

A Orquestra Cacique era assim, trabalhava com emoção máxima e a alta qualidade de seu trabalho provocava encantamento. Em quase 30 anos de atividades, com uma interrupção de alguns anos, a Orquestra foi um dos principais cartões de visita de Pinhal, projetando a cidade pelo interior de São Paulo, Minas Gerais e Rio de Janeiro.

Mas a Cacique foi muito mais que uma orquestra, foi uma verdadeira escola de música. Três ou quatro gerações de músicos foram formadas em torno dela, constituindo uma comunidade artística responsável pela perpetuação e disseminação da grande magia da música. Foi uma ponte entre espíritos livres, entre pessoas amantes da paz, da alegria e da fraternidade por meio do milagre da música.

Uma singularidade importante da Cacique em relação às demais orquestras do interior paulista é que ela é a única com registro histórico mais constante. Isso graças ao esforço de um dos músicos, Gecil Ignacio Buldrini, que anotou datas, guardou fotos e fez comentários sobre fatos importantes. Todo esse empenho resultou no livro *Reminiscências de uma grande orquestra*, publicado por ele. O livro é a fonte principal dos dados informados neste capítulo. Por todas essas características, a obra de Buldrini é um importantíssimo documento da maravilhosa jornada das orquestras do interior paulista[25].

---

[25] O livro *Reminiscências de uma grande orquestra*, de Gecil Ignacio Buldrini, foi publicado pelo autor com o apoio de várias pessoas e empresas de Espírito Santo do Pinhal. Uma iniciativa louvável, que ajudou a conservar a rica história da Orquestra Cacique em um país sempre acusado de não preservar sua memória.

Antecipando o fim da escravidão

Em dois anos houve uma revolução. Entre 1888 e 1889, Espírito Santo do Pinhal viveu, com intensidade maior do que em outras partes do país, as profundas transformações a que o Brasil assistiria, na transição entre a monarquia e a república. República nascida dos ramos do café, durante muito tempo a base econômica de Pinhal, que registrou importante produção graças à sua localização privilegiada, nas encostas da Mantiqueira.

A iminência da mudança de regime foi detectada com antecedência pelos cafeicultores de Pinhal, elevada a vila em 1877 e, graças à força do café, transformada em cidade, em 10 de março de 1883. As resistências à escravidão eram cada vez maiores e, em 7 de janeiro de 1888, a Câmara Municipal de Pinhal presenciou um pronunciamento histórico. Foi quando o conhecido abolicionista Dr. José de Almeida Vergueiro propôs a realização de um encontro com todos os produtores rurais para tratar da libertação dos escravos do município, que eram então 1.035 segundo os registros oficiais.

O encontro dos lavradores aconteceu em 2 de fevereiro, quando se consentiu que, em 16 de abril de 1888, a escravidão seria oficialmente abolida em Pinhal. E foi o que aconteceu, 28 dias antes de a Princesa Isabel decretar finalmente o fim da escravatura no Brasil. Essa era uma bandeira antiga de abolicionistas e homens de negócios que identificavam na escravidão, respectivamente, um crime contra a humanidade e um empecilho para a criação de uma nova estrutura econômica no país.

Não por acaso, logo em seguida, chegou a Pinhal o primeiro grupo de imigrantes italianos destinados a trabalhar na lavoura, repetindo um processo ocorrido em toda a área da cafeicultura. E, ainda em 1888, foi inaugurada a *Gazeta de Pinhal*, de Felix Vieira Cortes, segundo jornal local, surgido apenas um ano depois do pioneiro, *O Pinhalense*, iniciativa de Antônio Raposo de Almeida.

Em 1º de outubro de 1889 foi inaugurada a estação de Pinhal da Companhia Mogiana, empreendimento ferroviário sediado em Campinas. Essa foi mais uma antecipação histórica, considerando-se que em 15 de novembro daquele ano seria proclamada a República, após um forte movimento liderado por cafeicultores que tiveram na ferrovia uma grande aliada para o transporte de seus produtos e de suas ideias políticas.

Com a ferrovia, o crescimento econômico de Pinhal foi cada vez maior. E tal fortalecimento ajudou a fomentar um polo educacional e cultural, sempre alimentado por jornais atuantes. Dois novos periódicos surgiram. Em 1891, foi fundado o *Correio d'Oeste*, por Miguel Virginio, e no ano seguinte surgiu a *Cidade do Pinhal*, por iniciativa de Amando de Almeida Vergueiro e Antônio Tomaz Pacheco Lessa. A Associação de Imprensa Pinhalense foi criada pouco tempo depois, tendo sido uma das primeiras do país.

Em 1893, quando a população de Pinhal somava 16 mil habitantes, a cidade já tinha seis escolas. Uma delas, particular, tinha a direção dos professores Antônio Alexandre Alves, Francisca Adelaide de Campos, Fortunato de Paula Campos e Rodrigo da Silva Campos. Os últimos três eram professores de música, uma clara indicação da vocação musical da cidade.

Em 21 e 22 de maio de 1898, Pinhal presenciou sua primeira temporada lírica, com a apresentação, pela Companhia Verdini, das óperas *O barbeiro de Sevilha*, *Cavalleria Rusticana* e *Noite do castelo*, esta do campineiro Antônio Carlos Gomes, falecido dois anos antes. A corporação musical Amadores da Arte foi fundada em 13 de maio de 1901 por Firmino Carlos da Silva e Alfredo da Silva Barreto. Em 29 de setembro de 1908, aconteceu a fusão das corporações musicais Amadores da Arte e Lyra de Euterpe para a criação da Liga Musical Pinhalense. Outra fusão musical, meio século depois, resultaria na aclamada Orquestra Cacique. O Teatro Rink Pinhalense, aberto em 1909, o Teatro Recreio Pinhalense, de 1910, e o Éden Teatro, de 1913, foram durante muito tempo palcos importantes das temporadas musicais na cidade. E, claro, o Teatro Avenida, de 1906, é uma das grandes referências culturais locais.

Orquestra Centenário Jazz nos anos 1950
Antônio Neppi, Geraldo Benevides e Geraldo Vedovelo (saxofones) – Sebastião (cantor) – Edward "Nezito" (ritmista) – Jair (bateria) – José Dias (contrabaixo) – Silvio Bertoldo (acordeom) – Delvo João Bertoldo e Emílio Tavares (trompetes) – Antônio Zafani (trombone) – Gecil Ignacio Buldrini (ritmista) – Adalberto José Golfieri "Betá" (violão)

A Pinhal Jazz e a Orquestra Centenário Jazz

As antecessoras da Orquestra Cacique foram criadas em plena turbulência do governo de Getúlio Vargas e da Segunda Guerra Mundial. Ambas contaram com a importante contribuição e atuação de membros da comunidade italiana, que já haviam criado, em 1913, a Banda Ítalo-Brasileira.

Nascida em 1942, a Pinhal Jazz era formada por Benedito "Fio" Pieroti, Guido Martelli e Pedro Torres (saxofones), Hélio Evangelista (violão), Romeu Carrara (cantor), Nestor Gabriel (bateria), Barquieri (acordeom), Avelino Gabriel (contrabaixo), Milton Turbiani (cantor),

Francisco Cecchi (trombone) e Antônio Ferreira Gomes "Capota" (trompete) – um dos fundadores da orquestra.

A Pinhal Jazz era dirigida por Benedito Pieroti, que além de saxofonista era exímio clarinetista. O grupo se apresentava nos teatros e clubes pinhalenses, que sempre deram grande apoio à música e historicamente representam importantes locais de sociabilidade. Apenas em 1914 tinham sido criados quatro clubes na cidade: o Róseo Clube Pinhalense, o Centro Recreativo 13 de Maio, o Ideal Clube e a União Comercial. O Círculo Italiano, fundado em 1916, também deu grande colaboração para a vocação musical local.

Pinhal ainda teve outros grupos musicais na época. É o caso do Tabajara Jazz, de curta duração (1952), e do Conjunto Continental, formado por músicos da Pinhal Jazz e do Centenário Jazz para animar o pré-Carnaval de 1953 do Esporte Clube Comercial. Regido por Pio, o Continental teve uma única apresentação, na prática um embrião do que viria a ser a Orquestra Cacique.

A inauguração, em 23 de fevereiro de 1947, da ZYJ-5, Pinhal Rádio Clube, foi um marco decisivo para a divulgação da música na cidade. Com a rádio, houve maior divulgação do que acontecia em termos musicais em São Paulo, no Rio de Janeiro e em escala internacional. As *big bands* americanas naturalmente eram sucesso garantido pelas ondas da ZYJ-5, que também sempre deu destaque aos artistas locais.

Um deles, o acordeonista Silvio Bertoldo, foi o fundador de outro importante grupo musical pinhalense: a Orquestra Centenário Jazz, criada em 1949 como homenagem ao centenário de Pinhal. Além de Bertoldo, a orquestra contava com um músico de Mogi-Guaçu, o saxofonista Geraldo Vedovelo, e outros 11 pinhalenses: Neppi e Geraldo Benevides (saxofones), Jair (bateria), José Dias (contrabaixo), Delvo João Bertoldo e Emílio Tavares (trompetes), Antônio Zafani (trombone), Gecil Ignacio Buldrini (ritmo), Adalberto "Betá" Golfieri (violão) e os cantores Sebastião e Nezito.

O Comercial foi o local de uma das últimas apresentações da Orquestra Centenário Jazz, no *Réveillon* de 1954-55, quando a Centenário acompanhou a cantora Ardany e seu pianista Gustavo, ambos de São Paulo. O último baile aconteceu em Andradas, no Clube Rio Branco, em 21 de maio de 1955. A orquestra já tinha outra formação, liderada por Silvio Bertoldo e composta por Hélio Evangelista (guitarra), Djalma (bateria), José Gibini, Geracindo Luiz "Tino" e Milton (trompetes), José Dias (contrabaixo), Alcides (ritmo), Chico Cecchi (trombone), Geraldo Luiz, Iduílio, Delvo João Bertoldo, Lázaro Manoel Antônio "Lazão" (saxofones), Gecil Ignacio Buldrini (ritmo) e os cantores Zorilda e Romeu Carrara.

Finalmente, a Orquestra Cacique

Os rumos das duas orquestras mudaram quando "Fio" Pierotti, por questões de saúde, precisou deixar a direção da Pinhal Jazz. Em função desse impedimento, em conversa entre Antônio Ferreira Gomes, o "Toninho Capota", e Silvio Bertoldo, surgiu a ideia da criação de uma nova orquestra com músicos da Pinhal Jazz e da Centenário Jazz.

A data oficial de fundação é 23 de julho de 1955, quando nasceu a nova orquestra, ainda sem nome, composta por Silvio Bertoldo (acordeom), Antônio Ferreira Gomes "Toninho Capota", Elsio Almas Torres e Geracindo "Tino" Luiz (trompetes), Décio Alma Torres e Gecil Ignacio Buldrini (trombone), Hélio Evangelista (guitarra havaiana), Adalberto "Betá" José Golfieri (violão elétrico), Edward "Nezito" Boarim (ritmista), Djalma Amaro de Oliveira e José Ribeiro Segundo "Dedé" (bateristas e ritmistas), o *crooner* Romeu Carrara e os cinco saxofonistas: Guido Martelli (barítono), Delvo João Bertoldo e Edésio Scalese (alto), Lázaro "Lazão" Manoel Antônio e Armando Alma Torres (tenor).

Faltava definir o nome do conjunto, que foi escolhido entre uma série de denominações em referência ao universo indígena. Por sugestão de Guido Martelli, o novo grupo musical pinhalense, aquele que se destacaria e projetaria a cidade, seria a Orquestra Cacique de Pinhal.

Imediatamente, Elsio Almas Torres foi escolhido como o dirigente e maestro da nova orquestra. Com sólida formação musical, tendo frequentado conservatórios em São Paulo e Campinas, o maestro Elsio era também grande trompetista. E, como aconteceu com praticamente todos os maestros das orquestras, era filho de músico amador, Pedro Torres, além de irmão de Armando e Décio, outros dois membros da Cacique.

Em sua fase inicial, a Orquestra Cacique foi basicamente amadora, apesar de integrada por um ou outro músico profissional. Com o tempo, Elsio identificou a necessidade de profissionalização, que ocorreu no início da década de 1960, quando a orquestra já tinha adquirido o primeiro ônibus, diante da demanda cada vez maior para abrilhantar bailes no interior de São Paulo, de Minas e do Rio de Janeiro.

E o ônibus Ford 1946 de 25 lugares pintado de abóbora e com a reprodução de uma cabeça de cacique nas laterais, em desenho feito por Gecil Ignacio Buldrini, rodou bastante. "Era muito divertido, as crianças adoravam ir lá em casa porque era a única que tinha um ônibus na porta", lembra, com emoção, Valéria Aparecida Rocha Torres, filha do maestro Elsio.

Repertório e compacto

São Manuel, Vargem Grande do Sul, Ribeirão Pires, Vicente de Carvalho, em São Paulo, Ouro Fino, Botelhos, Campestre, Andradas, Poços de Caldas, em Minas, além de cidades dos estados de Goiás e do Paraná, são alguns dos lugares por onde a fama da Orquestra Cacique de Pinhal se espalhou, no ritmo de seu eclético repertório e sua alta qualidade musical. Um mapa reproduzido em *Reminiscências de uma grande orquestra* mostra as cidades onde a orquestra tocou. Foram quase 100 em São Paulo, mais de 30 em Minas Gerais e outras tantas no norte do Paraná. O circuito praticamente repetia o das outras orquestras de baile.

Orquestra Cacique de Pinhal nos anos 1960
NI (piano) – Edward Boarim "Nezito" (ritmo) – Décio Alma Torres e Gecil Ignacio Buldrini (trombones) – José Ribeiro Segundo "Dedé" (bateria) – Antônio Ferreira Gomes "Toninho Capota", Elsio Alma Torres e Geracindo Luiz "Tino" (trompetes) – José Dias (contrabaixo) – Djalma Amaro de Oliveira e Laudo Carrion (ritmo) – Romeu Carrara (cantor) – Guido Martelli, Edésio Scalese, Delvo João Bertoldo, Lázaro Manoel Antônio "Lazão" e Armando Alma Torres (saxofones) – Hélio Evangelista (violão) – Ignacio Felipe Thomé (empresário)

O repertório também era muito semelhante ao das demais orquestras paulistas, misturando sucessos nacionais e internacionais, mas sempre com alto nível e bom gosto musical. Algumas das músicas elencadas por Gecil Buldrini são "Travessia", "Espinha de bacalhau", "Mambo nº 5", "Mambo nº 8", "Café da manhã", "Folha morta", "Aquarela do Brasil", "New York, New York", "My Way", "Strangers in the night", "Moonlight serenade", "Besame mucho", "Begin the beguine", "Tenderly", além de outros dois clássicos com arranjos do maestro Elsio: "Gostoso veneno" e "Ouça meu bem".

Com *hits* desse porte, não dava para não dançar. Era circular o salão a noite inteira. E foram muitos bailes de debutantes, de aniversário de cidades, de formaturas, como acontecia com as demais *big bands* paulistas.

Orquestra Cacique – O naipe de saxofones

A Cacique tocou em bailes de formatura ou de estudantes no Sírio Libanês de Uberaba, no Tênis Clube de Bauru e em clubes de Bueno Brandão e Monte Sião.

Um novo feito da Orquestra Cacique ocorreu em 1962, com a gravação de um compacto com quatro músicas. Em um lado estavam "Ouça meu bem" e "Zombeteira", música e letra de Geraldo Ramponi e arranjo do maestro Elsio, com interpretação do novo cantor da orquestra, João Alberto Dias de Moraes, o "Joãozinho" de Poços de Caldas, que permaneceu na Cacique até 1965, quando passou a integrar a Orquestra Nelson de Tupã. Do outro lado, músicas de Jayme de Paula e Carlos Alvarenga, compositores de Mogi Mirim, interpretadas por Clóvis Percebo.

Não havia mais fronteiras para a Cacique. Em 1963, o maestro Severino Araújo, da grande Orquestra Tabajara do Rio de Janeiro, enviou partituras com 41 arranjos de sua autoria, para canções brasileiras e estrangeiras, de presente para a orquestra pinhalense. E elas foram executadas logo em seguida em um baile de formatura no Tênis Clube de Bauru.

Compacto duplo com a Orquestra de Elcio Torres

Aliás, o maestro Severino Araújo tornou-se amigo e admirador da orquestra e de Pinhal, visitando-a várias vezes. Ele tornou real essa simpatia quando compôs e gravou "Um chorinho em Pinhal", em homenagem à cidade.

Um momento de tristeza se deu quando o grupo viajava para Ourinhos, na manhã de 25 de janeiro de 1964, após uma apresentação no dia anterior no bairro da Liberdade, em São Paulo, no aniversário da cidade. Em um posto de gasolina, o maestro Elsio recebeu a notícia da morte da mãe, Dona Rosa. Ele voltou imediatamente para Pinhal com os irmãos Armando e Décio. O grupo seguiu viagem para cumprir o compromisso, mas sem dúvida foi uma apresentação com muita tristeza interior para os músicos.

A música continua

Com o tempo, vários músicos e cantores entraram e saíram da Orquestra Cacique, de acordo com Gecil Ignacio Buldrini. A música de alta qualidade permanecia encantando e tocando corações por onde a orquestra passava. O cantor Hildebrando, que era de São João da Boa Vista, se juntou

Orquestra Cacique de Pinhal nos anos 1990
Entre outros: Armando Alma Torres, Delvo João Bertoldo, Lázaro Manoel Antônio "Lazão", Décio Alma Torres "Nenê", Tozinho, Hélio Evangelista, Manoel Carrião Filho, Djalma Amaro de Oliveira, Romeu Carrara e maestro Elsio Alma Torres

ao grupo em outubro de 1964. Brincalhão, sempre disposto a animar os colegas nas longas viagens, permaneceu pouco mais de dois anos na equipe, falecendo em 17 de agosto de 1967 em sua cidade natal.

Foram bons anos de alegria, muita música e trabalho. Em 1969, as dívidas obrigaram a orquestra a interromper suas atividades. O retorno se deu em 1982, ainda sob a direção de Elsio Torres.

Nesse intervalo, o maestro Elsio e o violonista João Martucci fizeram parte do Conjunto Som 7 de Mogi Mirim e, posteriormente, formaram com outros pinhalenses, entre eles Beto Golfieri, o Musical Supersom, grupo que existiu até 1982, quando a Orquestra Cacique foi remontada.

Novos músicos tinham se juntado ao grupo, sempre em mutação. Um dos destaques foi o contrabaixista Adalberto Golfieri Filho, o Beto, que se revelou excelente cantor e deixou a orquestra em 1994 em razão de sua mudança para Brasília. Beto Golfieri é figura muito lembrada em Pinhal, conhecida como a "Voz do Carnaval" por sua participação na animação desses eventos por muitos anos.

Outro músico ingressante no período foi Geraldo Luiz de Souza, o Geraldinho, trompetista que permaneceria na orquestra até 1996, atuando depois na Banda Municipal de Pinhal. E o terceiro músico novo do ano foi Antônio Trevisan, o Toninho, também trompetista e grande empresário. Toninho tocou na Cacique até 1992.

Uma apresentação inesquecível e emocionante para a orquestra foi realizada na noite de 22 de novembro de 1984, no Dia de Santa Cecília, a padroeira dos músicos. O Cine Teatro Avenida estava lotado de apreciadores dos sucessos da Cacique, com a apresentação de Kleber José Nogueira, mestre de cerimônias em outros eventos da orquestra.

Um golpe fatal viria com a morte, em 30 de janeiro de 1996, do maestro Elsio Alma Torres. Esse foi um grande abalo para os músicos e a orquestra ficou parada por algum tempo. No retorno, passou a ser dirigida, até 1998, por Delvo João Bertoldo, membro desde o início da Cacique.

Foram muitos anos, enfim, de dedicação total à música. A Cacique foi uma verdadeira escola, com vários "filhos". Valéria Torres lembra que um dos músicos, o violinista João Martucci, começou a tocar com aproximadamente 12 anos na orquestra. Elsio precisava da autorização do Juizado de Menores para que ele pudesse atuar à noite. "A filha de João é hoje uma grande cantora", lembra Valéria. Outros integrantes da Cacique também têm filhos e netos que são músicos.

Historiadora pela Unicamp, Valéria viu a música acompanhar toda a sua vida, sendo neta e filha de músicos, tendo tios músicos e sendo mãe de músico. Pró-reitora acadêmica e administrativa da UniPinhal (Centro Regional Universitário Espírito Santo do Pinhal), ela comenta com justificado orgulho o projeto da instituição de conceder bolsas a alunos interessados em atuar na área musical. A UniPinhal apoia a *big band* Cardeal Leme (uma referência ao religioso filho da cidade que foi cardeal-arcebispo do Rio de Janeiro). A paixão pela música continua, na cidade que sempre reverencia um de seus maiores patrimônios, a Orquestra Cacique do maestro Elsio Alma Torres.

**Edésio Scalese e Delvo José Bertoldo,
remanescentes da Orquestra Cacique, em 2012**

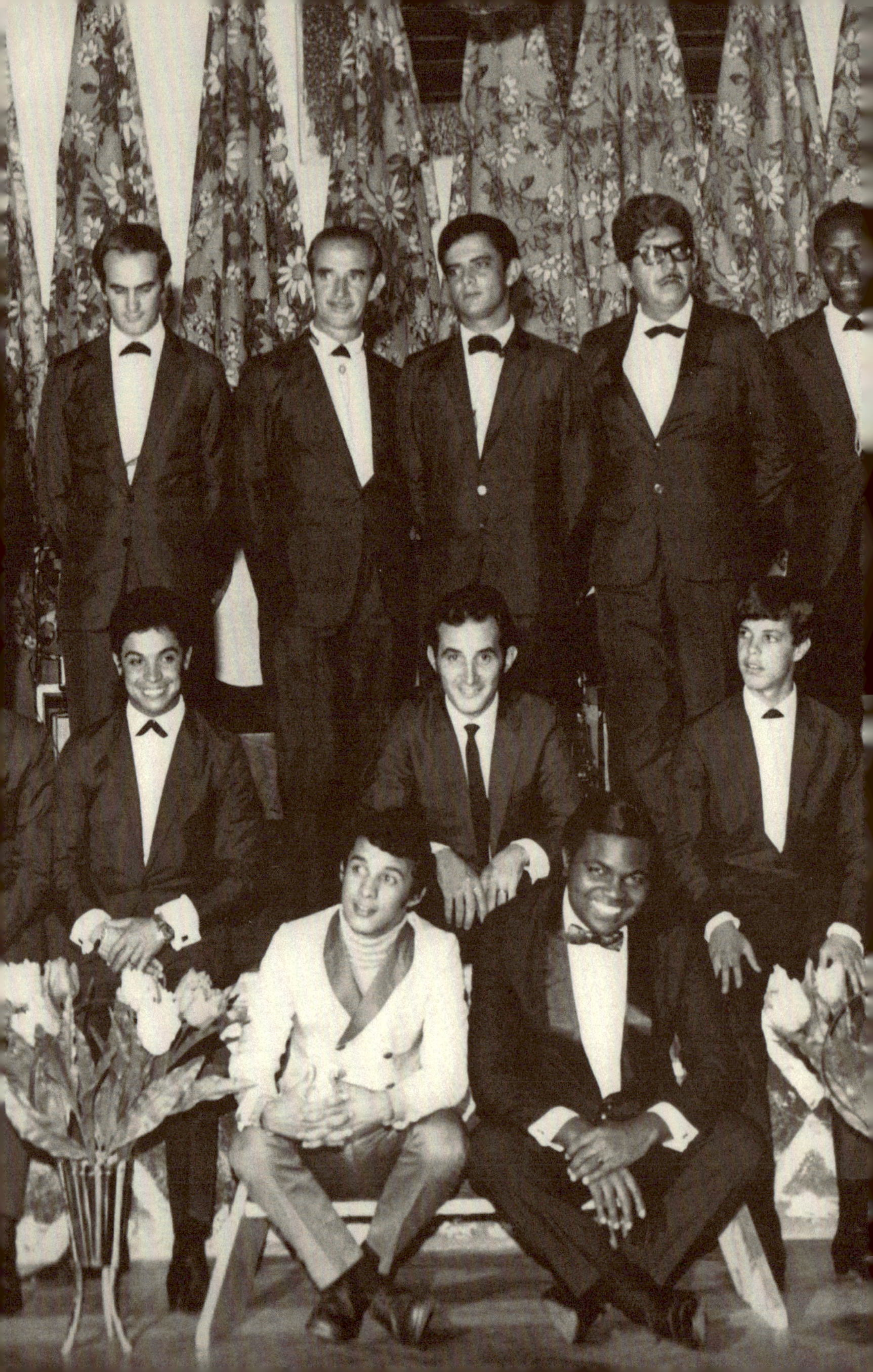

Estação Franca
A Orquestra Laércio de Franca encanta desde a terra do imperador

Foram mais de 2.500 bailes em centenas de cidades brasileiras, um filme e dois discos. Esses números não são suficientes para traduzir a enorme contribuição da Orquestra Laércio, de Franca, para a galeria das grandes orquestras do interior de São Paulo. Ao som do seu prefixo "Moonlight Serenade" e sob a batuta do maestro Manoel Laércio Piovesan (exímio trompetista que acompanhou Ary Barroso e se destacou no disputado mercado das rádios do Rio de Janeiro e de São Paulo), a orquestra ajudou a projetar a Franca do Imperador, como é conhecida a cidade situada na divisa com Minas Gerais. Aliás, basta caminhar pelas ruas centrais para sentir uma atmosfera mineiríssima, cristalizada na tranquilidade, no falar da gente, na comida saborosa. O clima é propício para a boa música, que a Orquestra Laércio de Franca ajudou a disseminar por tantos lugares.

Polo regional

Franca tornou-se um polo regional em função do processo de ocupação do interior do Brasil no período colonial. O antigo Caminho de Goiás, que partia de São Paulo e passava por Campinas em direção ao atual Centro-Oeste, era a trajetória para a busca do ouro. Mas a Guerra dos Emboabas provocou, durante certo momento histórico, a mudança do percurso para mais a noroeste do território paulista.

Foi a origem do povoado estabelecido nas proximidades do rio Pardo, que era obrigatoriamente atravessado na continuidade da marcha

Laércio de Franca e sua Orquestra (1959-1981)
"Topete", Laércio Piovesan e Oscar Tofetti (trompetes) – Bispo (ritmista) – Luciano "Filhote" (bateria) – Pirre (contrabaixo) – Mário Babel (guitarra) – Juvenil (acordeom) – "Mineiro", Arnaldo, Emílio e Miroel Piovesan (saxofones)

para o interior. Seu primeiro nome foi Arraial Bonito do Capim Mimoso. Em 1804, era freguesia ainda ligada ao município de Mogi-Mirim. Em 1821, nasceu a Vila del Rey, que em 1846 passou a se chamar Franca.

Franca logo se consolidou como importante entreposto comercial para a distribuição de insumos como o sal. Em 1887, foi inaugurada a estação ferroviária, a última de uma das linhas da Companhia Mogiana, sediada em Campinas. A ferrovia, sempre em aliança com o café, fortaleceu a economia de Franca.

O café, por sua vez, possibilitou a estruturação de um polo industrial, no caso, de fabricação de calçados. E foi no momento de crescimento do parque calçadista de Franca, pelo qual a cidade ficaria famosa no Brasil e no exterior, que nasceu e se destacou a orquestra de Laércio, sempre em companhia do irmão e melhor amigo, o excelente saxofonista Miroel Piovesan.

De Caconde para o Rio

Manoel Laércio Piovesan nasceu em São José do Rio Pardo, em 26 de maio de 1932. Com seu irmão Miroel, deu os primeiros passos na música pelos ensinamentos do pai, Manoel, motorista de praça que conduzia os artistas que visitavam a região. Manoel tocava violão e saxofone e Laércio também teve lições com o tio e padrinho, o flautista José Scaneiro.

Com a mulher, Maria, e os filhos, Manoel Piovesan se transferiu para Caconde, onde Laércio estreou na banda local aos sete anos, já com o trompete que o tornaria famoso. Depois a família retornou a São José do Rio Pardo e de lá se mudou para Poços de Caldas, onde Laércio e Miroel se apresentaram na Rádio Cultura.

Sempre precoce, aos 11 anos, Laércio se apresentou, levado pelo pai, no programa de calouros *A Hora do Pato*, da Rádio Nacional do Rio de

Banda Municipal de Caconde em 1940
Laércio Piovesan, 2º da 1ª fila – Manoel Piovesan, 2º da 2ª fila

Janeiro. A apresentação vitoriosa no programa comandado por Jorge Curi seria a estreia em território carioca, onde Laércio voltaria a se destacar.

Nos anos 1940, Laércio foi para Franca, onde atuou na Banda Municipal, na Banda da Liga Católica e na Orquestra Tamoio, de Adalberto Lucas, o Tim. Também participou dos conjuntos dos irmãos Godinho e Raul de Barros. Sua família também se mudou para a cidade, onde o pai instalou sua tinturaria. Laércio trabalhou como vendedor na Sociedade Francana de Automóveis e em outras lojas antes de se dedicar integralmente à música. Após o serviço militar, mudou-se para São Paulo, onde fez amizade com o comediante Simplício e o aclamado radialista e apresentador de televisão Manoel da Nóbrega. Tocou na Orquestra de Orlando Ferri e na Orquestra Clóvis e Elly no Cuba Danças.

Em 1952, Laércio estava novamente no Rio de Janeiro, a convite do maestro Chiquinho. Ali manteve contato com os grandes nomes do rádio da época e participou em 1954 de uma longa excursão de Ary

Barroso pelo Norte e Nordeste do Brasil, onde o grupo era recebido e aclamado por multidões. As viagens de avião, pela Lloyd Aéreo Nacional, eram uma aventura.

Ainda na primeira metade dos anos 1950, integrou outras formações, como a legendária Orquestra Mantovani, de Assis, ao lado de nomes como Casé, Booker Pittman, Marinho Gomes (saxofonista que trabalharia com Silvio Mazzucca), Clécio Fortuna (futuro integrante da orquestra de Roberto Carlos), o trompetista João Godoy, o acordeonista e pianista Luís Mello, o violonista Doracy Ayres Arruda, entre outras feras.

Tocou ainda durante intensos três anos, a partir de 1955, na orquestra de Nelson de Tupã, antes de retornar em definitivo para Franca, em 1959. Ficou muito amigo dos Castro. Laércio é padrinho de casamento de uma filha de Jasson, enquanto Nelson foi padrinho de casamento de Laércio.

Orquestra de Ary Barroso em Fortaleza – Excursão ao Norte-Nordeste em 1954
Em pé: Laércio Piovesan (4º) – Ernani Filho (9º) – Ary Barroso (10º)

Laércio de Franca e sua Orquestra em Franca em 1959
Caracterizados, entre outros músicos, Miroel e Laércio Piovesan (respectivamente, 2º na fila de trás e 3º na fila da frente, da esquerda para a direita)

Depois de atuar na orquestra de Emílio Sicchieroli, fundou a Orquestra Laércio de Franca com o irmão Miroel. Seriam duas décadas de êxito, com apresentações em centenas de cidades. Por mais de 10 anos, sua orquestra abrilhantou o Carnaval da Associação dos Empregados no Comércio (AEC) de Franca.

Projeção nacional

Sua primeira apresentação ocorreu em 28 de maio de 1959, no baile de pré-formatura do Instituto de Educação Torquato Caleiro, atual Escola Estadual Torquato Caleiro de Franca, na AEC. Um baile junino no Tiro de Guerra, poucos dias depois, demonstrou a popularidade da nova orquestra. O começo foi complicado, ainda era difícil conseguir bons instrumentos, mas em pouco tempo o projeto engrenou. Houve apresentações em festas de formatura e muitos bailes.

Os primeiros integrantes da orquestra foram os ritmistas Roldão e Patrocínio, o baterista José Luciano ("Filhote"), o trombonista José de Souza, os saxofonistas Arnaldo Botelho, Mário Bartocci e Miroel Piovesan, o baixista Manoel Piovesan (pai de Laércio e Miroel), o guitarrista Mário Berbel, o acordeonista e vibrafonista Camilo Pinheiro, o *crooner* Hélio Medeiros e o trompetista e maestro Laércio Piovesan. Depois, outros nomes foram agregados, principalmente de Franca e região.

Quadras de basquete, piscinas e canchas de bocha – como aconteceu em Itamogi, cidade do sudoeste de Minas, a uma hora de Franca – foram alguns dos locais inusitados onde a orquestra tocou, para deleite dos fãs, sobretudo dos casais. Em alguns locais, amplos, haja pulmão para

Trio de trompetes
Topete, Laércio Piovesan e Oscar Tofetti

Laércio de Franca e sua Orquestra em Paraguaçu Paulista em 1970
Em pé: Bispo (ritmista) – Bosquinho (tecladista) – Miroel Piovesan (saxofone) – Emílio (saxofone) – Otávio (saxofone) – Edin Neves "Laquimé" (trombone) – Bilo (saxofone) – Oscar Tofetti (trompete) – Ni.
Sentados: Osvaldo Aquino (empresário) – Juvenal (acordeom) – Filhote (bateria) – Laércio Piovesan (trompete) – Pinduca (ritmista) – Roberto Ambrósio (trompete).
À frente: Tarcísio Oliveira e Celso Miguel (cantores)

manter o fôlego e o ânimo das plateias. Não importava, o que as pessoas pretendiam era ouvir e, principalmente, dançar.

A orquestra de Laércio oferecia um coquetel requintado de canções para os dançarinos. As delícias iam de Ray Conniff, Tijuana Brass e chá-chá-chá a muito samba. De Ary Barroso, com certeza, apareciam "Aquarela do Brasil", "Na Baixa do Sapateiro" e "No tabuleiro da baiana", entre tantas. Foi inesquecível a apresentação na sacada da Associação Atlética Rio-Pardense, em São José do Rio Pardo, em um momento de muita nostalgia para os irmãos Laércio e Miroel, que começaram a vida naquela região.

Em tempos de caminhos ainda precários, a equipe circulou de Kombi e camionete, antes que a orquestra tivesse um ônibus próprio, muitas vezes dirigido pelo próprio Miroel. Em uma das viagens pelo sul de Minas, indo de Passos para Alfenas, houve um susto enorme. O ônibus por pouco não caiu em um precipício de quase cem metros. Foi o pior momento na estrada, mas nada que tirasse o ânimo dos músicos. Tantas foram as viagens, tantas noites dormidas no corredor do ônibus em colchões infláveis.

Caixa de sapatos, cheia de dinheiro, por um saxofone importado

A orquestra de Silvio Mazzucca foi se apresentar em Franca e os irmãos Piovesan foram assistir. Foi paixão à primeiríssima vista. Miroel se encantou com um sax-barítono Henry Selmer, com um lá a mais, que havia sido importado pelo maestro Enrico Simonetti. O namoro foi rápido e deu certo. O instrumento estava sendo colocado à venda pelo dono, que precisava de dinheiro para viajar. Miroel buscou ajuda entre os amigos para levantar a soma, alta para os padrões da época, para adquirir o instrumento. Ele viajou na mesma noite, de ônibus e manteve os olhos bem abertos, pois a quantia em espécie estava acomodada em uma caixa de sapatos, honrando, claro, a capital dos calçados. Chegando a São Paulo, o mais difícil da operação foi contar as notas arrumadas na caixa. À época, além dele, apenas Renato Perez em São José do Rio Preto tinha o instrumento.

Miroel sempre conservou com carinho seu saxofone. O apreço por ele é tamanho que em recente viagem à Europa, para visitar a filha que lá reside, apesar do incômodo de transportar tamanho volume, Miroel levou seu saxofone à fábrica da Selmer na França para uma revisão completa. Ele desistiu ao se surpreender com o valor do orçamento apresentado pelo serviço solicitado. Então,

> aconteceu o inesperado: os funcionários da Selmer, sensibilizados pela raridade de um instrumento de mais de 50 anos e pelo ótimo estado de conservação em que se encontrava, resolveram oferecer gratuitamente o serviço, o que o deixou muito emocionado.
>
> O saxofone voltou da França completamente recondicionado e a bordo de um novo e impecável estojo, comprado por boas centenas de euros. O esforço valeu a pena, como aconteceu cinco décadas atrás, na aquisição do belíssimo instrumento. Amor à arte.

Brasília, Goiás, Paraná, Mato Grosso, São Paulo, Minas Gerais foram estados visitados com regularidade. Durante uma temporada de 15 dias no Grande Hotel de Araxá, os músicos participaram da gravação do filme *Balada dos infiéis*, de Geraldo Santos Pereira, com Mário Lago, Sadi Cabral, Francisco Di Franco, Nadir Fernandes e Priscila Freire. Inspirado no conto "A água da juventude", de Coelho Neto, o filme narra as intrigas políticas e sexuais de veranistas hospedados no hotel localizado no bairro do Barreiro, em Araxá, incluindo um rico casal de paulistas e um general-presidente deposto de algum país sul-americano. Na trilha musical de Antônio Adolfo, Tibério Gaspar e Conjunto Brazuca, a Orquestra Laércio de Franca executa "Sá Marina", de Adolfo e Gaspar.

Com seu jeitinho tão faceiro, quem fez o povo inteiro cantar foi mesmo a orquestra francana, que acompanhou ao longo da carreira nomes como Ângela Maria, Francisco Egídio, Cauby Peixoto e Wilson Simonal. Quais foram as apresentações que lhe deixaram mais emocionado? Laércio fica comovido, mas não tem dúvidas: foram aquelas em uma instituição psiquiátrica, a Allan Kardec, em Franca, e no Sanatório Cocais, antigo Asilo Colônia de Hansenianos, em Casa Branca. "Você vê essas pessoas se ligarem na música, é uma comunicação que não dá para descrever", resume, perto das lágrimas.

A orquestra gravou seu primeiro disco, *Laércio de Franca e sua Orquestra de Danças*, ainda nos anos 1960, pelo selo Richard. Muito tempo

LP Laércio de Franca e
sua Orquestra de Danças

CD Orquestra Laércio de Franca

depois do encerramento da orquestra foi lançado um CD, *Orquestra Laércio de Franca*, com alguns dos sucessos que animaram tantos bailes, casamentos, namoros e corações apaixonados em geral.

O CD, em 2002, foi totalmente gravado, mixado e editado nos estúdios do músico e arranjador Afonso Henrique. Laércio se encarregou de nada menos que o primeiro, segundo e terceiro trompetes. O irmão Miroel, companheiro de sempre, cuidou da flauta e dos saxes-alto, tenor e barítono. Alguns "músicos de cozinha" participaram das gravações, além dos cantores Nelson e Celso Miguel. Este foi o principal cantor da Orquestra Laércio de Franca, transferindo-se depois para São Paulo, onde obteve grande sucesso em diversas casas noturnas. Por longo tempo ele foi a principal atração na badalada casa A Baiuca, na praça Roosevelt.

Miroel e Laércio Piovesan em Franca em 2012

O Carnaval de 1981 marcou a despedida da Orquestra. Mas Laércio continuou ativo, se apresentando sozinho ou com o irmão em vários locais. Algumas vezes por mês eles dão canja em bares de Franca.

Ele continua sonhando com uma nova era para a música no Brasil. Não é saudosista, embora se lembre com carinho dos inúmeros bailes que ajudou a animar. Laércio afirma que adorava o burburinho das pessoas conversando nos intervalos entre uma e outra seleção musical.

Laércio ficou extasiado com uma notícia lida em jornal sobre um jovem músico brasileiro que se tornou primeiro violinista da Orquestra Filarmônica de Berlim. O músico passou a tocar um violino Stradivarius doado pelo governo alemão, o que para o maestro é um claro emblema de como o Brasil ainda tem tanto a caminhar.

Depois de tudo, o que a música significa? "A música é 99% da emoção. Nada tem a motivação e a emoção da música", sintetiza o maestro Piovesan, o menino de Rio Pardo que encantou o mundo das orquestras de baile.

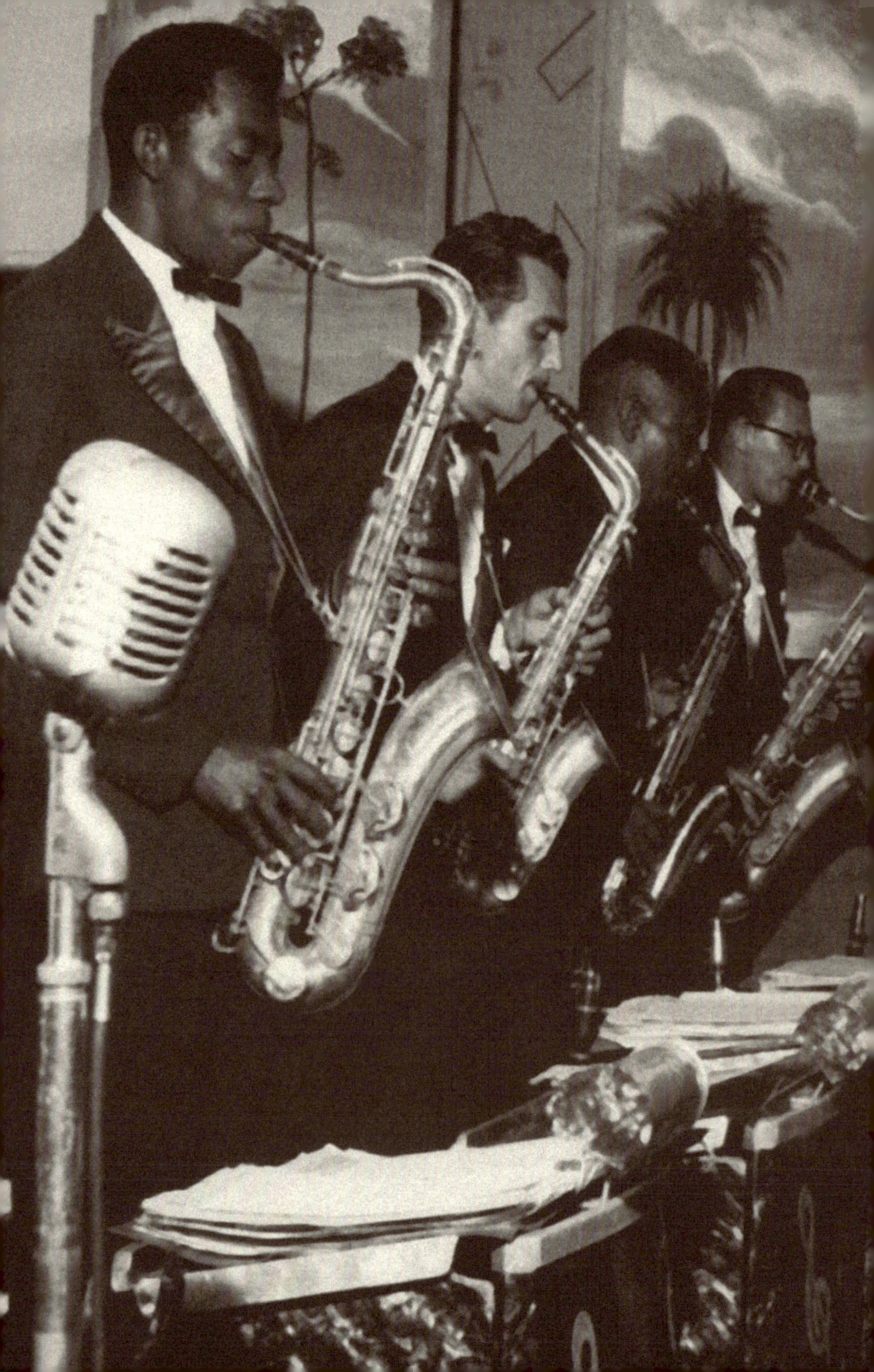

Estação Guararapes
Pedrinho e a orquestra que tocou a Brasília de Juscelino

O maior símbolo da vinculação entre o otimismo que reinava no Brasil no final da década de 1950 e a proliferação das orquestras de baile foi o próprio condutor do processo de desenvolvimento, do plano que queria realizar "50 anos em 5", o presidente Juscelino Kubitschek.

Conhecido pé de valsa, JK era assíduo frequentador dos bailes da época. Pois uma dessas orquestras, a Pedrinho de Guararapes, foi convidada para se apresentar em um dos eventos posteriores à inauguração de Brasília. Foram na realidade dois bailes, realizados em 6 e 7 de novembro de 1961 no Clube Recreativo Brasiliense. No dia 7, a orquestra também se apresentou nos estúdios do canal 3 da TV Nacional.

Pedrinho regeu a orquestra em seu auge, com uma formação inusitada composta por cinco saxofonistas, quatro trompetistas, três trombonistas, guitarrista, contrabaixista, dois cantores e, na bateria, um nome de destaque, Victor Antônio Lagrotti Neto, o Carioca. Na ocasião foi gravado um disco em acetato, que não teve edição comercial e do qual restam poucos e disputadíssimos exemplares. Uma das músicas tocadas pela orquestra que encantaram a nova elite política e administrativa de Brasília foi "O homem do braço de ouro", de Elmer Bernstein.

Durante a estada, a orquestra participou de almoço oficial com delegações de vários países e estados brasileiros. Foi uma espécie de apresentação ao mundo, em grande estilo, do melhor que as orquestras nacionais podiam oferecer. Uma amostra do Brasil alegre, dinâmico, sorridente como JK queria projetar no cenário internacional.

No ritmo dos tambores

O município de Guararapes foi criado em 1937, desmembrado de Araçatuba, embora sua data oficial de fundação seja 8 de dezembro de 1928, marco da criação do distrito de Frutal, resultante do loteamento das terras dos pioneiros mineiros que colonizavam a região desde 1908. O nome Guararapes foi escolhido como uma lembrança da famosa batalha. Em idioma indígena, "Guararapes" significa "pancada ou som de tambores". Prenúncio da cidade que ficaria conhecida por sua música arrebatadora?

O certo é que, como em outros locais que projetariam importantes orquestras de baile, Guararapes também viveu um surto de crescimento na década de 1930 em função da economia do café, sobretudo após a inauguração, em 6 de agosto de 1929, de estação da lendária Estrada de Ferro Noroeste do Brasil. Lendária porque a Noroeste, partindo de Bauru, faria a conexão entre os principais polos econômicos paulistas com o então sul do Mato Grosso (depois um estado independente) e de Corumbá para a Bolívia, através da chamada Estrada da Morte.

Em 1905, Bauru tinha recebido uma estação da Estrada de Ferro Sorocabana, que ligava a região ao entorno da capital paulista. No ano seguinte, ocorreu a inauguração da Estrada de Ferro Noroeste. Desde então, Bauru se tornou um dos principais centros ferroviários de São Paulo e do Brasil. A Noroeste, especialmente, foi um marco da ocupação regional e de indução econômica, tendo sido essencial para lançar as bases do processo que levaria ao crescimento de cidades e, com elas, ao surgimento de um novo estilo de vida aberto às novidades culturais como o som das orquestras.

Impulsionada, originalmente, pela economia cafeeira, como tantas outras cidades que tiveram suas orquestras de baile, Guararapes era um dos emblemas do desenvolvimento pretendido para territórios distantes do eixo Rio-São Paulo. Cresceu de forma dirigida, com ruas traçadas no formato de tabuleiro de xadrez, espelhando a ideia de organização

Pedrinho e sua Orquestra Guararapes (1946-1965)
Em pé: João Lopes (contrabaixo) – NI (bateria) – José Pedrucci (pandeiro).
Sentados: NI, NI e Pedro Salla (saxofones) – Altivo Covolo, Rubens e
Orlando Salla (trompetes) – Érico Sapaterra (trombone)

Jazz Ibirá no Cassino de Ibirá-SP em 1940
Entre os músicos, os membros da Família Salla, sentados: Orlando (trombone) – Rubens e Sigifrido (trompetes) e Pedro (saxofone)

e planejamento que o poder central, nos governos de Getúlio Vargas e, principalmente, JK, gostariam de ver multiplicada em outras regiões do país.

Localizada em uma área estratégica, não muito distante do sul do Mato Grosso (depois, Mato Grosso do Sul) e mesmo do norte do Paraná, Guararapes sempre foi um polo de atração. A ferrovia e a SP 300 (rodovia Marechal Rondon) foram os indutores da excelente situação logística da cidade, o que favoreceu o deslocamento rápido da futura orquestra para outros pontos do Brasil e de outros países.

De fato, depois dos pioneiros mineiros de Varginha, lá chegaram brasileiros de outros estados e, também, legítimos representantes das colônias portuguesa, italiana, libanesa, francesa, alemã, espanhola, japonesa e de várias nações africanas. Um descendente de italianos seria o responsável pela projeção nacional e internacional do nome de Guararapes, a terra dos tambores, pelos maravilhosos caminhos da música.

Pedrinho chega a Guararapes

A gênese da Pedrinho de Guararapes repete o ritual. Nascido em Taquaritinga em 8 de dezembro de 1914 (curiosamente, o dia de Nossa Senhora da Conceição, padroeira de Guararapes), Pedro Salla recebeu as primeiras noções musicais do pai, Francisco, carpinteiro que se tornou mestre de banda em Ibirá e fundador do Jazz Ibirá. O legado paterno de amor pela música é sempre transferido aos filhos e está no DNA de muitos conjuntos e orquestras de baile.

Já músico conhecido, Pedro foi convidado pelo prefeito Adelmo Almeida a se transferir para Guararapes, em 1943, com o propósito de formar e reger a Banda Municipal. Pedrinho aceitou o convite, mantendo, ao mesmo tempo, o Jazz Ibirá, que tocava no Hotel e Cassino das Termas de Ibirá, de cuja construção o pai fora empreiteiro na parte de carpintaria.

Sua formação musical já era eclética, as informações sobre o que acontecia nos Estados Unidos ou nos estúdios e rádios de São Paulo e do Rio de Janeiro chegavam pelos trilhos da Noroeste. A influência americana era nítida nos trajes como o paletó branco e na homenagem ao Mickey, devidamente reproduzido, tocando sax, no tambor da bateria.

O fechamento dos cassinos, em 1946, forçou Pedrinho a se estabelecer em definitivo em Guararapes. Naquele ano, o Jazz Ibirá virou Pedrinho e sua Orquestra de Guararapes. No momento em que terminavam tanto a Segunda Guerra Mundial como o Estado Novo de Getúlio Vargas, o clima era propício para a festa, para a esperança. A Pedrinho de Guararapes refletiu esse período de sonhos. Francisco, o pai de Pedrinho, também se radicou na cidade, passando a dirigir a banda local, que depois forneceria muitos músicos para a orquestra. Muitos membros da família integravam a orquestra em sua formação inicial: o próprio Pedrinho no sax, Orlando no trombone, Rubens no trompete, Normando no sax e Francisco (filho de Pedrinho) no trompete.

Circulando pelos salões

Visionário, Pedrinho não economizou em disposição, convidando para atuar na orquestra importantes nomes dos principais centros musicais paulistas. Ele contou com o legendário Casé e recebeu outros músicos de expressão, como o pianista Roberto Benedito Farah, Mário e Renato Perez, de São José do Rio Preto. Durante o período da Quaresma, que era de folga para os músicos (naquela época, os bailes eram proibidos durante os 40 dias santos), Pedrinho ia a São Paulo. Na viagem, entrava em contato com músicos, procurava se informar sobre as novidades e garimpava arranjos. Muitos arranjos da orquestra de Pedrinho levaram a assinatura de Antônio Arruda, um dos maiores arranjadores do Brasil.

Entre 1945 e 1952, Pedrinho se dedicou basicamente à formação de músicos para a orquestra. Eles saíam das fileiras da banda dirigida pelo pai, entre outras fontes. Em determinado momento, Pedrinho percebeu que o caminho era a profissionalização, como uma garantia da qualidade a partir de ensaios mais frequentes.

Assim, com uma formação sólida e repertório refinado, a Pedrinho de Guararapes logo foi convocada para o frenético mercado dos bailes. Em 1952, veio a profissionalização, com a contratação de músicos que tinham assegurada a muito procurada estabilidade. Esse foi um dos motivos da qualidade alcançada pela orquestra, que se tornou uma empresa dirigida por Pedrinho.

No início da década de 1960, seria legalizada e regulamentada a profissão de músico. Posteriormente, muitos membros da Pedrinho de Guararapes puderam se aposentar nessa condição, porque tinham sido contratados pela orquestra e tinham documentação comprobatória arquivada pelo maestro. O próprio Pedrinho foi oficializado como maestro em função da nova legislação e orientou muitos profissionais na preparação para os exames da Ordem dos Músicos do Brasil.

Pedrinho e sua Orquestra Guararapes na Associação Comercial de Guararapes em 1950

"Pirulito" (bateria) – Walter Delamagna (piano) – Eleosino T. Lima e Ricardo dos Santos (cantores) – Alcebíades Ferraz Lopes (violão) – João Lopes (contrabaixo) – Benedito Barbosa, Érico Sapaterra e Orlando Salla (trombones) – Lourival Nascimento, Rubens Salla e Antônio Zito (trompetes) – Pedro Salla, Rafael Aragão Dias, Renato Peres e Normando Salla (saxofones)

A orquestra fazia em média 15 bailes por mês. Em dezembro de 1958, veio o recorde, com 29 bailes, quase um por dia, em várias cidades paulistas. Para circular tanto, a orquestra viajou muitas vezes de trem, mas o fez principalmente com seus famosos ônibus. O primeiro deles era na realidade uma jardineira, que tinha nas laterais os endereços de contato e a inscrição: "Pedrinho e sua Orquestra – Condução Própria". Detalhe: a carroceria da jardineira foi construída pelo pai, Francisco, e Pedro Salla, ambos carpinteiros.

As apresentações em Brasília, em 6 e 7 de novembro de 1961, no Clube Recreativo do Grêmio Esportivo Brasiliense da Companhia Metropolitana, estão entre as mais marcantes na história da orquestra. Ambas são

O naipe de saxofones de Pedrinho e sua Orquestra Guararapes, nos anos 1960
Benedito Ferreira, Honório Menani, Olinto Jorge Moreira "Granfino" e Wladimir Moretti

uma indicação da qualidade alcançada por ela. Entre tantas orquestras de baile de excelência, ela foi escolhida para animar esses bailes, que contaram com a presença de JK. No dia 7 de novembro, a Pedrinho também se apresentou nos estúdios do canal 3 da TV Nacional. É o único registro sonoro da orquestra, hoje uma relíquia para os colecionadores. Apesar de ter sido gravada originalmente em acetato e sem os devidos cuidados técnicos necessários, demonstra a qualidade do trabalho do grupo.

A Pedrinho de Guararapes se apresentou no Mato Grosso, em Minas Gerais, no Paraná, no Rio de Janeiro, em Goiás, em Brasília, em outros países sul-americanos e em centenas de cidades paulistas. Foram 20 anos de sucesso. Os arranjos eram de autoria dos próprios Francisco e Pedro, e também do legendário Severino Araújo, além de Antônio Arruda. A orquestra se desfez em 1965, dois anos após a morte precoce de seu fundador. Pedrinho tinha apenas 49 anos. O advento dos conjuntos, com seus instrumentos eletrônicos, contribuiu para o fim do sonho. O filho, Francisco, também veio a falecer cedo, com 39 anos. Era impossível continuar a orquestra.

Em Taquaritinga, cidade onde nasceu Pedrinho, existe uma loja de instrumentos musicais com o nome do maestro. Em Guararapes, funciona o Conservatório Artístico Musical Maestro Pedro Salla. Era um projeto recorrente de Pedrinho, o de criar uma estrutura para formar novos profissionais, dando continuidade à bela e apaixonante história da música. Por duas décadas, a Pedrinho de Guararapes ajudou muita gente a rodar seus sonhos nos salões dos bailes.

O impacto da Pedrinho de Guararapes pode ser sintetizado na trajetória do jornalista Hermano Henning, uma das vozes mais conhecidas da televisão brasileira. Hermano nasceu em Guararapes, em 1945, ano em que

Pedrinho e sua Orquestra Guararapes nos anos 1960
Lázaro (contrabaixo) – Isaias Covolo (acordeom) – Alcebíades Ferraz Lopes (violão) – Francisco Salla Netto, Clóvis Leonelli, Vladimir Kahlil (trompetes) – José Martins Filho, Hélio Granatta e Iran Fortuna (trombones) – Alfredo Quiantelli, Benedito Ferreira e NI (saxofones)

Pedrinho e sua Orquestra Guararapes – A "cozinha" nos anos 1960
João Lopes (contrabaixo) – Germano (piano) – José Pedrucci (pandeiro) – Vitor Antônio Lagrotti Neto "Carioca" (bateria) – Ricardo dos Santos (cantor) – Alcebíades Ferraz Lopes (violão)

nasceu a orquestra. Foi ouvindo o grupo comandado por Pedrinho que o futuro jornalista adquiriu o gosto pela música. Pois Hermano se transformou em um dos profissionais de imprensa que mais entendem de música no Brasil, é especializado no *jazz* que embalou a carreira brilhante de Pedro Salla.

O dia em que a orquestra quase perdeu o baile

Na segunda metade da década de 1950, a orquestra de Pedrinho de Guararapes esteve inserida em uma roda-viva. Eram bailes e mais bailes nos quais a orquestra se apresentava em função de uma fama crescente, resultante da sua alta qualidade.

Era uma empresa essencialmente familiar, característica que se repetia no momento da mobilidade entre uma e outra cidade. Os seis membros da família ligados diretamente à orquestra se revezavam no volante, para garantir que a jardineira com carroça de madeira chegasse a tempo no clube onde os músicos famosos eram esperados para mais um evento badalado.

O movimento foi tão grande em determinado ano que Pedrinho resolveu contratar um motorista para a condução. Salário acertado, músicos a bordo, a jardineira prosseguiu viagem. O veículo andou, andou e o maestro ficou preocupado. Então, ele se dirigiu ao motorista:

– O senhor não viu uma placa na estrada? Tenho a impressão de que já passamos da entrada da cidade.

– Não, senhor, não vi nada – respondeu o motorista, lacônico.

Mais um pouco e nada. A cidade não chegava. Pedrinho ficou ainda mais inquieto:

– O senhor tem certeza de que não viu nenhuma placa? Pelo mapa que temos, já passamos há muito da entrada!

Não demorou muito e veio a descoberta: o motorista não sabia ler. O pai e o irmão de Pedro, ambos Franciscos, mais "estourados", segundo Pedro Salla Jr., queriam demitir o motorista. Pedrinho, mais calmo, conseguiu adiar a decisão por algum tempo.

"Naquela época não havia GPS, era tudo na raça", lembra Pedro Salla Jr.

Ele não se dedicou à orquestra: "Dizia o meu pai: 'Chega o Chico, já temos músicos demais. Você vai fazer outra coisa'".

Não adiantou: Pedro Jr. não se dedicou à orquestra, mas continuou com a música. É hoje o diretor do Conservatório Artístico Musical Maestro Pedro Salla em Guararapes. Ele continua formando novas gerações de músicos, para a alegria do maestro.

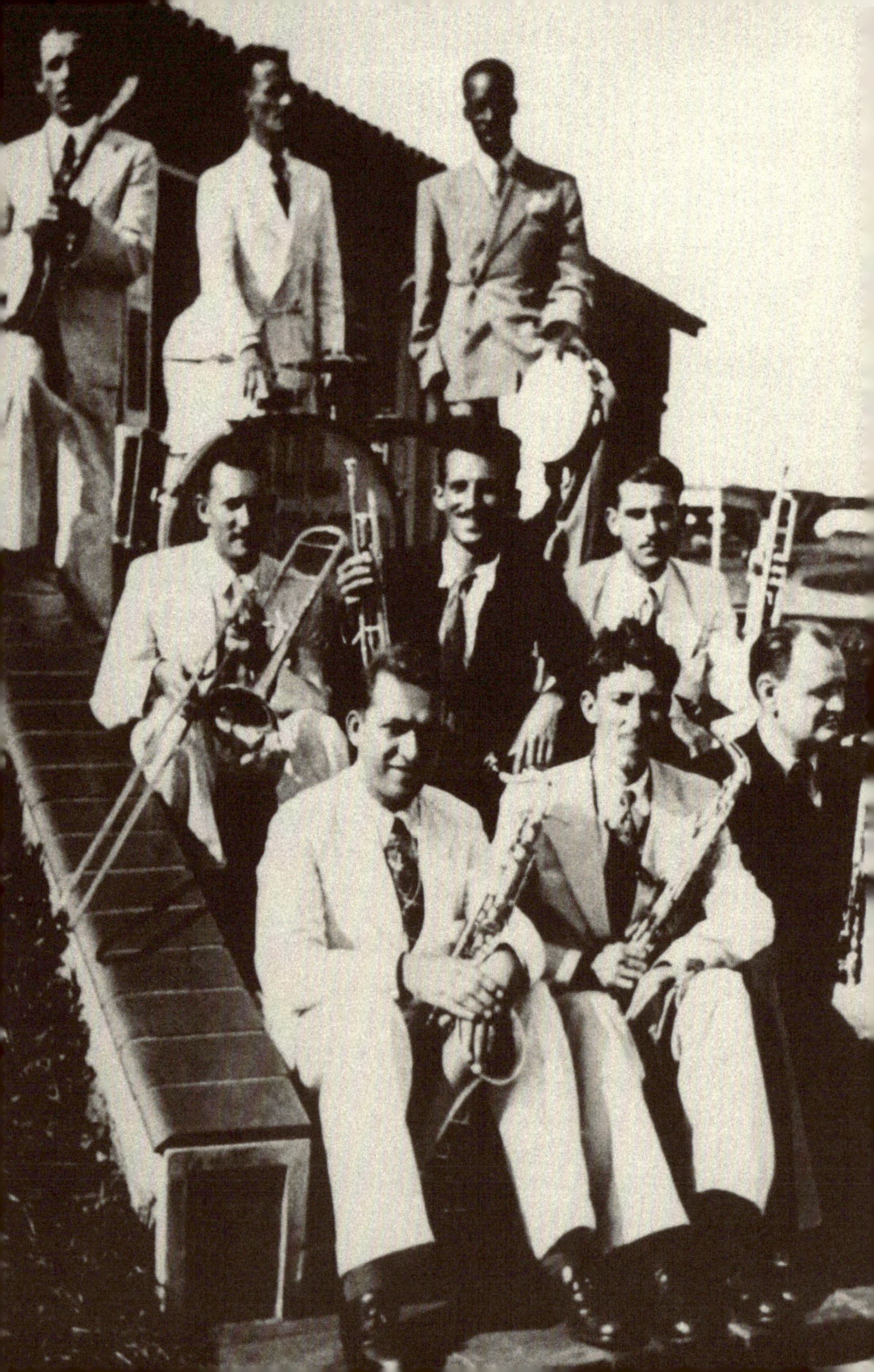

Estação Jaboticabal
A cidade da música projeta a Sul América, orquestra pioneira

Desde a sua inauguração, em 1913, o Edifício Tódaro era uma referência na região central de Jaboticabal. Sua localização privilegiada, na esquina da rua Barão do Rio Branco com a 13 de Maio, o tornava o lugar ideal para vários eventos de impacto na sociedade local. E não foi diferente naquele 20 de abril de 1940, que ninguém imaginava, mas se tornaria uma data histórica, a da estreia da Orquestra Sul América, em baile promovido pela Sociedade Recreativa Gomes e Puccini. Surgiu assim uma das primeiras orquestras de baile do interior paulista. A repercussão foi imediata, pois no dia 22 de junho a orquestra faria a primeira apresentação fora de Jaboticabal, abrilhantando um baile em Taquaritinga.

Ela foi resultado da fusão do Jazz Jaboticabal e do Jazz Moderno. Seus idealizadores, Cadorno Augelli, Oswaldo Bazoni (trompetes) e Domingos Ferrari (saxofone), se inspiraram nas *big bands* americanas, mas também nas nacionais que já faziam relativo sucesso, devidamente multiplicado pelas revistas da época e pelo rádio nascente. A orquestra de Romeu Silva (1925), a Pan American (1927), do maestro, arranjador e violinista Simon Bountman, a Brunswick (1929), do compositor e baterista J. Thomaz, além da Copacabana e Guanabara, do início dos anos 1930, foram algumas das precursoras. Em 1937, nasceu aquela que mais faria sucesso, a Orquestra Tabajara, de Severino Araújo, falecido em 2012.

Os meninos de Jaboticabal não pensavam pequeno. A Sul América logo estaria tocando com nove instrumentos de sopro (quatro saxofones, três trompetes e dois trombones) – ao contrário do padrão das orquestras existentes, à base de seis desses instrumentos: três saxofones, dois pistões e um trombone.

Juntamente com os idealizadores, na primeira apresentação estavam Aristides (bateria), Alexandre Gagiotti (saxofone), Orlando Bedin (trombone), Mário Guimarães (piano) e Alfredo Palazzo (contrabaixo e banjo). A eles se juntaram Miguel Pedro Lourenço (trombone), Joaquim Garcia (trompete) e, ainda, o cantor Dario Miranda, considerado um dos primeiros cantores negros das *big bands* brasileiras e que permaneceu cantando na Sul América até 1974.

Sua voz doce, suave, aveludada como a de grandes ícones do *jazz* e que brilhou na orquestra por vinte anos, foi fundamental para compor a fama da Sul América, que logo transporia as fronteiras interioranas e paulistas, projetando Jaboticabal no mundo da música. Cadorno Augelli dirigiu a orquestra até 1946. Em seguida, Domingos Ferrari, seu cunhado, foi o diretor, até 1968.

Cidade da Música

Não foi por acaso que esta pequena cidade, de 72 mil habitantes, foi o berço de uma das primeiras orquestras do interior. O binômio café/ferrovia está na origem da riqueza local, que criou a atmosfera propícia para iniciativas culturais pioneiras nessa região de São Paulo.

De fato, a Sul América nasceu em uma cidade a que a ferrovia chegou cedo, entre aquelas que teriam importantes orquestras. A estação de Jaboticabal da Companhia Paulista foi inaugurada em fevereiro de 1893, na época como ponta de linha, o que garantia à cidade uma movimentação permanente das pessoas da região que utilizavam os trens para viagens a passeio ou a negócios em torno do café.

O surto de febre amarela ocorrido entre 1898 e 1900 arrefeceu os ânimos progressistas da cidade, fundada em 1828 como uma vila por João Pinto Ferreira. Em 1901, foi constituída a Sociedade Filarmônica Pietro Mascagni, marco da cultura musical de Jaboticabal, que tem ainda como pilar a Associação Recreativa Gomes e Puccini, de 1912, que continua em plenas atividades.

Orquestra Sul América de Jaboticabal (1940-)
Oswaldo Pratts (pandeiro) – João Pratts (bateria) – Alfredo Palazzo (contrabaixo) – Dario Miranda (cantor) – Orlando Bedin e Ary Catuta (trombones) – Joaquim Garcia e Oswaldo Bazoni (trompetes) – Mário Guimarães (piano) – Primo Bragiolla, Loriz Bazoni, Domingos Ferrari e Osmar Ramos Tocantins (saxofones).
No destaque: Domingos Ferrari (diretor) e Dario Miranda (cantor)

Orquestra Sul América de Jaboticabal no aeroporto de Jaboticabal em 1941
Alfredo Palazzo (Banjo) – João Pratts (bateria) – Dario Miranda (cantor) – Orlando Bedin (trombone) – Cadorno Augelli e Joaquim Garcia (trompetes) – Domingos Ferrari, Alexandre Gagiotti e Primo Bragiolla (saxofones)

Essas instituições muito contribuíram para que Jaboticabal recebesse o título de Cidade Música, mas ela também é a Atenas Paulista, por outras iniciativas culturais pioneiras e ousadas para uma cidade à época tão distante de São Paulo. O jornal *O Debate* foi fundado em 1897, e seis anos depois nasceu outra publicação, *O Combate*. Entre 1910 e 1928, período áureo do café, houve muitas outras realizações culturais na cidade, como a inauguração do primeiro cinema, em 1911, e a construção do Teatro Rio Branco, em 1912.

Orquestra Sul América de Jaboticabal em 1956
João Pratts (bateria) – Pedrinho Gaspardo (pandeiro) – Alfredo Palazzo (contrabaixo) – Toninho, Marinho e Alaor (trompetes) – Ary Catuta e Chiquito (trombones) – Bizoca (guitarra) – Osmar Ramos Tocantins, Aristeu, Morano e João Andriolli (saxofones) – Zezinho Guimarães (piano) – Dario Miranda e Cora Piva (cantores)

O "ouro negro" permitiu o financiamento de outras atividades econômicas importantes, consolidando Jaboticabal como polo regional. Em 1902, começou a operar a Fábrica de Bebidas Antônia Poli enquanto em 1905 iniciou-se a construção da usina açucareira Albano do Prado Pimentel.

Foi em um cenário propício, enfim, que surgiu a Orquestra Sul América, vocacionada a abrir o mercado, que se tornaria promissor para as orquestras de baile. Em meados dos anos 1940, quando o final da Segunda Guerra Mundial despertou um desejo ainda maior por oportunidades de celebração da vida, ela já tinha obtido fama como uma das principais orquestras de baile do interior paulista.

Fama nacional

Mas a Sul América não deitou na cama da fama. Ao contrário, aproveitou as muitas oportunidades que apareceram, na esteira da alta qualidade de seus músicos, do poder de sedução de seus arranjos para os *hits* americanos e brasileiros. Muitos endereços tradicionais de música e dança da capital passaram, de fato, a contar com o brilho da Sul América, como o Lord Hotel, o bar do Aeroporto e os clubes Monte Líbano, Paulistano e Tietê.

No começo dos anos 1950, a orquestra já era a grande atração do imponente Hotel Atlântico, em Santos. Inaugurado em 1928, o Atlântico era um ícone tardio da aristocracia cafeeira, que sempre teve a orla santista como um procurado destino de férias. Depois de servir como um quartel improvisado durante a Segunda Guerra, o hotel voltou às atividades normais na segunda metade dos anos 1940 e se tornou palco de muitas atrações nacionais e internacionais na década de 1950. O sofisticado estilo neoclássico, as janelas com cristal europeu e a porta giratória construída com madeira de lei no *hall* de entrada são elementos que fazem o charme do hotel, mesmo hoje.

Os músicos da Sul América passaram por essa porta muitas vezes nos anos 1950 para abrilhantar vários bailes de gala. As melodias afinadas a partir de arranjos especiais, além da voz inconfundível de Dario Miranda, sempre elegante em seu paletó branco, tornaram esses momentos inesquecíveis para os felizes frequentadores do Atlântico.

Era o passaporte da orquestra para o cada vez mais disputado circuito das orquestras no Brasil, uma vez que o hotel santista era o local onde se hospedavam muitas personalidades e muitos homens de negócios que circulavam na órbita do porto ou estavam repousando no balneário.

Bailes de escolhas de misses, que se tornaram muito populares desde 1949 (com o primeiro concurso de Miss Brasil, vencido pela goiana Jussara Marques) e, principalmente, 1954 (com o coroamento de Martha Rocha), foram outros espaços conquistados pela Sul América de Jaboticabal.

Mais sucesso e longevidade

Parecia não haver limites para o sucesso da Sul América, que prosseguiu arregimentando outros talentos, como a cantora Cora, nome artístico de Corina Piva, e o saxofonista e clarinetista Bagarelli. Outros nomes são os do saxofonista Osmar Ramos Tocantins, do violonista Sérgio Lauratto, do duo de trombones de Hélio Granata e Ary Catuta, que viria a ser o diretor da orquestra entre 1968 e 1978. Em 1978, foi constituída uma diretoria leiga, composta por profissionais que não eram músicos. Desde então, o empresário Clóvis Roberto Capaldo assumiu a presidência.

Orquestra Sul América de Jaboticabal nos anos 1970
Ary da Rocha Catuta (diretor da orquestra) – Ary (guitarra) – Dario Miranda e Chumbinho (cantores) – Orlando (acordeom) – Osmar Ramos Tocantins, João Morano, Carvalho e Arnaldo (saxofones) – Jacaré (bateria) – Netinho (ritmo) – Godinho, Marinho e Toninho (trompetes) – Hélio Granata (trombone) – Dedé (violão)

Orquestra Sul América de Jaboticabal em 2012
Natália e Russo (cantores) – Fiotti (bateria) – Sidnei (trombone) e Perna (saxofone)

Uma apresentação importante da Sul América ocorreu em Monte Azul Paulista, na mesma noite em que tocaria a orquestra típica argentina de Francisco Canaro, que na realidade era uruguaio de origem. O violinista e maestro foi um dos nomes mais importantes do tango, com mais de 300 obras escritas, além de ter sido destacado produtor de cinema. Pois os seus empresários, tão logo ouviram a Sul América, imediatamente a convidaram para uma excursão pela região que inspirou o nome da orquestra.

O requintado repertório, chave para o sucesso de qualquer orquestra, sempre foi uma das explicações para a Sul América agradar tanto e há tanto tempo. Fizeram história suas versões para clássicos de Glenn Miller e suas ousadias, como a transformação em samba do "Bolero" de Ravel. "As time goes by", "Stardust", "New York, New York" e vários *hits* de Ray Conniff também se renovaram como pérolas musicais com os arranjos da Sul América. Sem falar nos eternos sucessos brasileiros "Tico-tico no fubá", "Nada além", "Delicado" e "Morena boca de ouro".

Foi assim, com muito talento, muita dedicação e sensibilidade para identificar o gosto popular, que a Orquestra Sul América permaneceu

Orquestra Sul América de Jaboticabal no Clube Campineiro de Regatas e Natação em 2013

como um emblema das *big bands* paulistas. Pioneira e uma das únicas em atividade, embora com outra estrutura, com uma longevidade semelhante à de orquestras afamadas como a própria Tabajara ou as de Sylvio Mazzucca e Osmar Milani. Uma das características peculiares da Sul América é que ela é a única orquestra não administrada por músicos. Ela é uma empresa de gestão profissional.

Já foram mais de 5.000 apresentações em mais de sete décadas de existência. Os garotos que se apresentaram naquela noite envolta por magia no Edifício Tódaro nem sonhavam com isso. Eles estavam ajudando a abrir um dos mais densos e ricos capítulos da música brasileira.

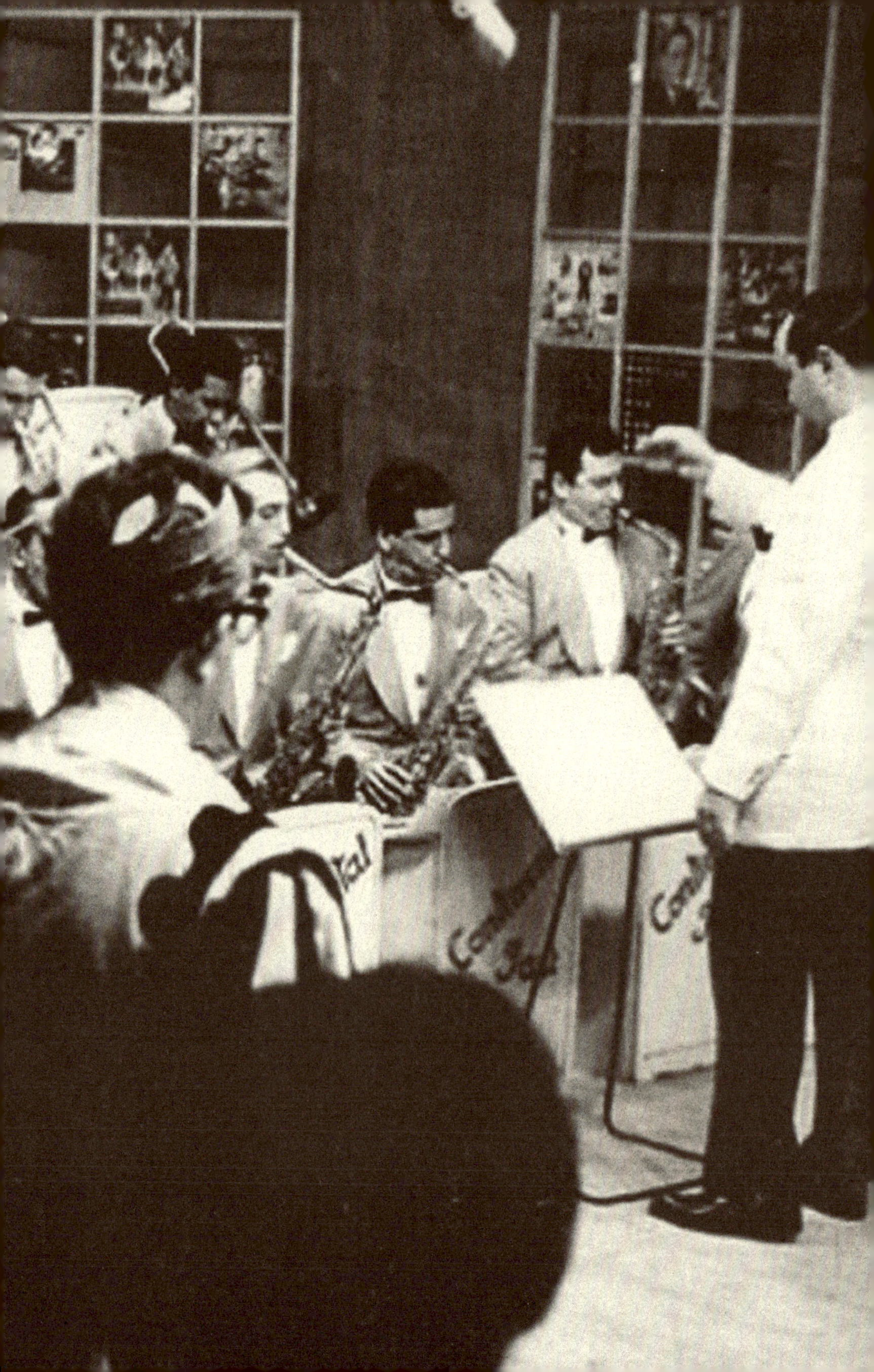

Estação Jaú
A Orquestra Continental voa nas asas da música

O show não parava nunca. Em 1958, o ônibus Martha Rocha desceu a serra para que a Orquestra Continental, de Jaú, pudesse gravar seu primeiro disco no Rio de Janeiro. Seria o *Convite para o baile*, título que dizia tudo sobre o foco do grupo: levar o interior paulista ou a população de onde estivesse para a pista de dança. A forma como o disco foi produzido reforçava a disposição dos músicos comandados por Antônio Waldomiro de Oliveira. Entre as faixas não havia espaço. A modulação pela guitarra havaiana de José Lima preparava a faixa executada a seguir.

Música de qualidade, sem interrupções. Essa é a marca da Orquestra Continental, que em seus quase 30 anos de existência tocou em mais de 300 cidades de seis estados: São Paulo, Paraná, Mato Grosso do Sul, Minas Gerais, Goiás e Rio de Janeiro. Foram 110 bailes em 1956, um a cada três dias. Entre dezembro de 1956 e janeiro de 1957, a orquestra fez a alegria de 34 grupos de formandos, em bailes onde eram tocadas até 250 músicas por noite.

A Continental, que punha o Brasil para dançar e rodava o país exaltando suas misses e os feitos do aviador jauense João Ribeiro de Barros, carregava no patriotismo. Os bailes inesquecíveis eram abertos com prefixo dos famosos acordes iniciais de *O guarani*, de Carlos Gomes, um dos símbolos nacionais enraizados na alma do povo pelo programa radiofônico *A Voz do Brasil*.

No ritmo da indústria

O auge da Continental, na década de 1950, acompanhou o salto da industrialização brasileira, ao mesmo tempo em que ocorreu um fenômeno muito particular da cidade da orquestra. Foi naqueles anos que Jaú começou a ser conhecida como a capital nacional do calçado feminino, com o surgimento das pequenas fábricas pioneiras de Romeu Muzegante, Jarbas Faracco e Alberto Ferrucci. Esses são alguns dos nomes que abriram caminho para um setor que hoje é composto por mais de mil empresas ligadas direta ou indiretamente à confecção de calçados femininos, gerando cerca de 20 mil empregos.

O poder industrial de Jaú, como em outras partes do país, também teve como base os recursos proporcionados pelo café, cuja influência pode ser verificada pelas ruas calmas da cidade, nas quais se destacam vários casarões e palacetes típicos da época, a maioria em estilo neoclássico. Uma das construções jauenses mais conhecidas, a do Grupo Escolar Pádua Salles, inaugurada em 1902, leva a assinatura de ninguém menos que o engenheiro, arquiteto e escritor Euclides da Cunha, autor de *Os sertões*. No ano anterior, precisamente em 28 de setembro de 1901, era inaugurada a Companhia de Força e Luz do Jahu, o que fez de Jaú a quarta cidade brasileira a ter eletricidade.

Os negócios em torno do café foram alavancados em Jaú, como em outras paragens, pela presença da ferrovia, que lá chegou em 1887. Em 1941, um ano depois da formação da Orquestra Continental, foi inaugurada uma nova e ampla estação, que se estabeleceu como plataforma de embarque da produção cafeeira. A *Folha da Manhã* de 9 de dezembro de 1948 informou o embarque de 480.843 sacas de café de Jaú para o porto de Santos, através das estações de Jaú, Ave Maria e Banharão, todas no mesmo município.

Foi para crescer nesse promissor centro urbano em fase de industrialização que desceu em Jaú, no início de 1943, um jovem de 18 anos vindo de Lins. Era Waldomiro de Oliveira, que atendia o convite do professor Antônio Menezes para dar aulas de fundição de ferro e bronze na Escola Industrial Joaquim Ferreira do Amaral. Waldomiro havia concluído no ano anterior o curso de Mecânica e Fundição na Escola Industrial de Lins. Por 25 anos, Waldomiro ministrou aulas na Escola Industrial e, em paralelo, liderou uma das mais importantes orquestras da história da música brasileira.

Orquestra Continental de Jaú (1946-1968)
Jesus de Oliveira (contrabaixo) – Luiz Minguetti, Carmelo e Danilo Aielo (trompetes) – Rubens Santos (bateria) – Giacomo Burdino (ritmista) – Geraldo Saturnino (violão) – Alceu Ferraz e João Oreste (trombones) – Charles Rodrigues (piano) – José Lima (guitarra havaiana) – Antônio Waldomiro de Oliveira (maestro e cantor) – Otávio Rocha Pinto, Laerte Paniguel, Domingos Augusto, João Valente e Romeu Fornalé (saxofones)

Origens ítalo-brasileiras

A Orquestra Continental projetou-se com Waldomiro, mas foi criada por Amélio e Plácido Antônio Capelozza em 1942. Sua primeira apresentação, no Clube Jahu, ocorreu em 7 de setembro de 1942. A nova orquestra, batizada de Jazz Orquestra Típica Continental de Jaú, tinha como padrinhos Antônio Santana Galvão e Ricardo Bagaiolo.

Os primeiros componentes, em 1942, eram os próprios Amélio e Plácido Antônio Capelozza "Tunin" nos saxofones, além de Constante Ometto. Nos trompetes, Gilvésio e Wilfrido; no trombone, Jesus de Oliveira; no piano, Oduvaldo; no violão e contrabaixo, Alceu Ferraz; na bateria, Orozimbo; por fim, nos vocais, Dante.

Como ocorreu em outros casos, os irmãos herdaram o gosto musical do pai, Eugenio Capelozza, que "tinha a música no sangue e a transmitiu aos seus filhos", como narra Nilza Capelozza de Campos, filha de Amélio. Os irmãos aprenderam com o pai a tocar saxofone, clarinete, acordeom, bandoneon e contrabaixo.

Na década de 1930, ainda adolescentes, Amélio e Plácido formaram o Bico Doce, conjunto que animava bailes e fornecia trilha sonora para filmes do cinema mudo. Com a influência das *big bands* americanas e do estilo musical vindo de New Orleans, eles ainda constituiriam o Nosso Jazz, grupo antecessor da Orquestra Continental.

Os irmãos Capelozza dirigiram a orquestra até 1947, quando se mudaram a trabalho para Marília. Ao retornar a Jaú, como conta Nilza Capelozza, eles não conseguiram assumir a direção da Continental e, assim, criam a Líder Orquestra, que atuou entre 1949 e 1950. Eles haviam levado de Marília para Jaú o cantor Marcílio Galdino Pires "Sabu", convencendo-o a desistir de se transferir para São Paulo após um teste de sucesso na Rádio Bandeirantes. O nome seria modificado para Orquestra Capelozza, sob o qual o grupo teve uma carreira de sucesso até 1968, quando, em dezembro, se apresentou pela última vez em um baile em Bocaina.

A Orquestra Continental, por sua vez, projetou-se de forma crescente, sob a liderança de Waldomiro de Oliveira, praticamente o seu único cantor por duas décadas, profissionalizando-se a partir de 1955. Waldomiro estava sempre com seu traje *summer*, composto por paletó branco de albene e camisa da mesma cor, além de gravatinha preta e cravo na lapela. No início dos anos 1950, a orquestra teve uma cantora, Nina.

Rumo ao sucesso

Waldomiro foi convidado em 1944 a integrar a Continental, graças ao destaque que vinha tendo desde o ano anterior nos programas de auditório da Rádio Jauense. A música foi sua companheira precoce e lhe foi transmitida, em gostos e noções, pelo pai, o português Dionísio.

A ferrovia, de novo a ferrovia. Waldomiro começou a trabalhar cedo, carimbando sacos de café na estação de Lins. Aos 10 anos começou a estudar piano e aos 13 tocava clarineta na Banda Municipal Carlos Gomes, de Lins. Foi aí que se encantou com a música do maestro campineiro, que depois homenagearia com a adoção do famoso trecho de abertura de *O guarani* como prefixo da Continental. Aos 17 anos, Waldomiro começou a cantar no Líder Jazz de Lins.

Seis dos sete filhos de Dionísio e Maria do Carmo se dedicaram à música. As irmãs Antonieta, Leonor, Lurdes e Giannette deram aulas de piano. Além de Waldomiro, o irmão Dionísio tornou-se músico de renome, com disco gravado e fazendo carreira no Rio de Janeiro, onde acompanhou cantores importantes nos anos 1950. Apenas a irmã Elizabete não teve ligação profissional com a música.

A denominação Orquestra Continental de Jaú veio em 1946, e no ano seguinte, com a mudança dos Capelozza para Marília, a direção ficou com Waldomiro e José Aielo, um músico que tocava em circo. Em 1948, Waldomiro assumiu a direção geral, quando a orquestra passou a

Músicos da Continental recebidos por Chacrinha no Cassino da Urca, Rio de Janeiro, em 1960

funcionar em regime de cooperativa. Descontadas as despesas, as receitas auferidas eram rateadas igualmente entre seus componentes.

Bailes, muitos bailes

O cotidiano dos músicos da Continental era uma roda-viva. Era baile atrás de baile. Foram mais de 320 somente de formatura. E também em aniversários de cidades, além de bailes temáticos com duração quase ininterrupta de seis horas e breves minutos para um lanchinho. Os ensaios aconteciam geralmente em uma sala na rua Quintino Bocaiúva e no Grêmio Paulista, em Jaú.

Os convites para acompanhar cantores famosos não demoraram a aparecer. E foram muitas as apresentações com Cauby Peixoto, Hebe Camargo, Jamelão, Lúcio Alves, Elza Soares, Maysa, Ivon Curi, Nelson Gonçalves, Altemar Dutra, Dóris Monteiro, Miltinho, Marta Mendonça, Anísio Silva, Francisco Alves, Agnaldo Rayol, Ângela Maria, Inezita Barroso, Marlene, Blecaute e Gregorio Barrios, entre outros.

A Continental apresenta-se na TV Tupi, canal 6, com Chacrinha, no Rio de Janeiro, em 1960

O repertório eclético executado com maestria assegurava a empatia geral do público. Nele estavam presentes os clássicos de Victor Young, Edward Heyman e Glenn Miller, mais os brasileiríssimos de Noel Rosa, Ivon Curi, Vicente Paiva e, depois, Antônio Carlos Jobim, entre tantos outros. Partituras eram enviadas por colegas músicos do Rio de Janeiro para Waldomiro. O pianista Charles, o saxofonista Romeu, o guitarrista Lima e os pistonistas Danilo, Luiz e Tite fizeram arranjos que também eram adquiridos de nomes conhecidos no universo das orquestras.

E houve ainda as apresentações nos famosos e disputados programas de rádio. Eles estiveram no *Programa Renato Murce*, na Rádio Nacional do Rio de Janeiro, por onde desfilaram monstros sagrados como Dircinha Batista e Emilinha Borba. E também participaram do programa *No Mundo dos Sucessos* da Rádio Mayrink Veiga.

Em julho de 1960, no trabalho de divulgação do segundo disco, a Continental participou do programa do Chacrinha no Rio de Janeiro. Diante da alegria de sempre do Velho Guerreiro, a Continental apresentou musicas do disco *Chegou a orquestra*.

Com Martha Rocha

A Continental praticou princípios do *marketing*, o que ajudou na sua divulgação. O primeiro veículo próprio, o ônibus Chevrolet 1951 Martha Rocha, era sempre fotografado onde quer que chegasse. Todos queriam eternizar um momento ao lado do veículo. Maria Waldete de Oliveira Cestari, filha mais velha de Waldomiro, relata que durante muitos anos o Martha Rocha foi dirigido pelo motorista Paulo Batista. "O ônibus tinha um grande bagageiro externo, onde eram colocados a aparelhagem de som, as estantes para partituras, os pedestais e instrumentos maiores (como o contrabaixo)", lembra.

Em 1960, veio o outro ônibus Chevrolet, o Adalgisa Colombo. Sempre com a seguinte inscrição no para-choque: "Terra de Ribeiro de Barros". A bordo dos veículos célebres, a orquestra viajou ao Rio de Janeiro para gravar *Convite para o baile* (1959) e *Chegou a orquestra* (1960). Ficou marcada uma apresentação ao ar livre, na Esplanada do Castelo, em 1960, em uma homenagem à revista *Radiolândia*, famosa pela eleição das Rainhas do Rádio.

São ambos discos de repertório sofisticado e muito bem produzido. "Feitio de oração", de Vadico e Noel Rosa, teve arranjo do próprio Vadico, que realizou também os de "Blue Star", de Victor Young/Edward Heyman, e de "Love is a many-splendored thing", de Webster/Fain (canção posteriormente incluída na trilha da novela *Os ossos do barão*). "Manhattan", o grande sucesso de Rodgers e Hart, recebeu arranjo de Charles Rodrigues, pianista que hoje reside em Brasília. Destaque especial para "Fita amarela", de Noel, com arranjo de Luiz Minguetti. Ao final da música, o ritmo de samba transforma-se em bossa nova, refletindo o clima da época, no ritmo que conquistaria o mundo. Era um claro sinal de como a Continental estava afinada com o gosto musical e as tendências culturais de seu tempo.

Em 1968, Waldomiro permaneceu dias em coma após sofrer uma queda do alto de uma escada. Ele sofreu muitas fraturas no crânio e a Orquestra Continental não teve condições de continuar suas atividades,

Orquestra Continental de Jaú com o Martha Rocha no Baile da Primavera de Lins em 1956

apesar do esforço dos músicos. A última apresentação ocorreu em 12 de maio de 1968, em baile em Angatuba.

A filha Maria Waldete observa que, como seu pai era o diretor, acabou assumindo compromissos e arcando com muitas das dívidas da orquestra, pois tinha assinado duplicatas na condição de responsável. Era o final doloroso da grande Continental, mas não da música e das atividades de Waldomiro, envolvido em várias frentes de atuação em Jaú. Em 1963, ele havia fundado o Coral Artístico e Religioso Santa Cecília, especializado em se apresentar em cerimônias religiosas. De 1984 a 1995, dirigiu e integrou um coral masculino a quatro vozes fundado por ele, o Grupo Musical Nossa Gente. Em 1972, foi cofundador, com os músicos Luiz Minguetti e Danilo Fornalé, da Escola Municipal Jauense de Artes, pertencente à Secretaria da Cultura.

Um momento especial aconteceu em 1996 com o lançamento, custeado com dinheiro próprio, do CD *Baile de gala – Uma saudade presente*, obra que reunia músicas dos dois discos gravados pela

LP *Convite para o baile* – Orquestra Continental de Jaú

LP *Chegou a orquestra* – Orquestra Continental de Jaú

CD *Baile de gala* – Orquestra Continental de Jaú

Continental. No ano seguinte, o SBT incluiu três músicas do CD na novela *Os ossos do barão*.

Antônio Waldomiro de Oliveira faleceu em 17 de maio de 1999, aos 74 anos. Ele foi um dos grandes responsáveis por mais um capítulo brilhante da música e da alegria brasileira.

Irmãos Capelozza, amor à música

Os irmãos Capelozza, fundadores das orquestras Bico Doce, Nosso Jazz, Continental, Líder e Capelozza, representam o amor total à música. E, claro, são mais um exemplo de como as comunidades de origem italiana foram determinantes para a criação e manutenção das orquestras de baile.

Plácido Antônio Capelozza, o Tunin, estudou música com professores de Jaú, na década de 1920, como José e Danilo Fornalé e Vitorino Frigolo. Com 16 anos, atuou no Jaú Jazz, pioneiro local no *jazz band*[26].

Com o irmão Amélio, criou a Jazz Orquestra Típica Continental em 1942. Depois veio a Líder Orquestra, que tinha a participação do cantor Sabu. A Orquestra Capelozza veio em seguida, com a participação de outro irmão, Irineu, e de outros músicos.

Os integrantes eram em grande parte músicos amadores ou semiprofissionais. Tunin e Amelio eram marceneiros e Irineu, relojoeiro. "Isso significava que todos tinham outra profissão, mesmo que, em alguns casos, possuíssem o registro de músico profissional. Esse registro era expedido, até 1960, pela Polícia do Estado de São Paulo, o que depois passou às mãos da Ordem dos Músicos do Estado. Assim, entre os músicos da Capelozza,

---

[26] Luís Henrique Marques, *Jaú em ritmo de baile: reconstituição jornalística da história das orquestras Continental e Capelozza de Jaú*, op. cit., p. 27.

encontravam-se marceneiros, relojoeiros, comerciários, frentistas de posto de gasolina, funcionários públicos e assim por diante", conta Luís Henrique Marques[27].

Marques relatou um momento emocionante para Tunin Capelozza, por ocasião de uma apresentação da Banda Sinfônica da Polícia Militar de São Paulo no aniversário de Jaú, em 1970. A banda era regida pelo maestro Rubens Leonelli, seu amigo, que lhe fez uma homenagem-surpresa com a inclusão no repertório de "Vera Lúcia", valsa que Capelozza havia composto para sua filha. Depois da execução da valsa, Tunin se dirigiu ao maestro e aos músicos para cumprimentá-los. Consigo

Líder Orquestra nos anos 1950
NI (ritmo) – Osvaldo (bateria) – Irineu Capelozza (contrabaixo) – João Vitório e Wilfrido (trombones) – José e Carmelo Aielo (trompetes) – Constante Ometto, Plácido Antônio Capelozza, José B. Silva e Amélio Capelozza (saxofones) – João Rodrigues "Loca" (violão) – Diva e Marcilio Galdino Pires "Sabu" (cantores)

[27] *Ibidem*, p. 16.

levou a pequena Vera Lúcia. "As palmas continuaram sem parar por uns 10 minutos! Foi a maior emoção da minha vida!", relatou Tunin[28].

Ao contrário da Continental, a Capelozza não teve a oportunidade de gravar discos. Houve apenas uma gravação artesanal, que comprova a qualidade da orquestra. Mas foram também muitas as apresentações realizadas em várias cidades. A morte de Amélio apressou o fim da orquestra. Tunin deu continuidade à tradição da família, formando um grupo que passou a tocar em restaurantes e festas. O amor à música, com legítimo coração italiano, precisava continuar.

Capelozza e sua Orquestra em 1958
Sebastião Fonseca (contrabaixo) – Ângelo Veronezi (bateria) – Odilon Silva e Celso (ritmistas) – Antônio Travessa e Jesus de Oliveira (trombones) – "Saci" Rodrigues, Ariovaldo Leonelli e Hélio Ciotti (trompetes) – João Rodrigues "Loca" (violão) – Amélio Capelozza, Plácido Antônio Capelozza, Roberto Pavan e Constante Ometto (saxofones) – Ismar Sangioro (acordeom) – Marcilio Galdino Pires "Sabu" (cantor)

[28] *Ibidem*, p. 28.

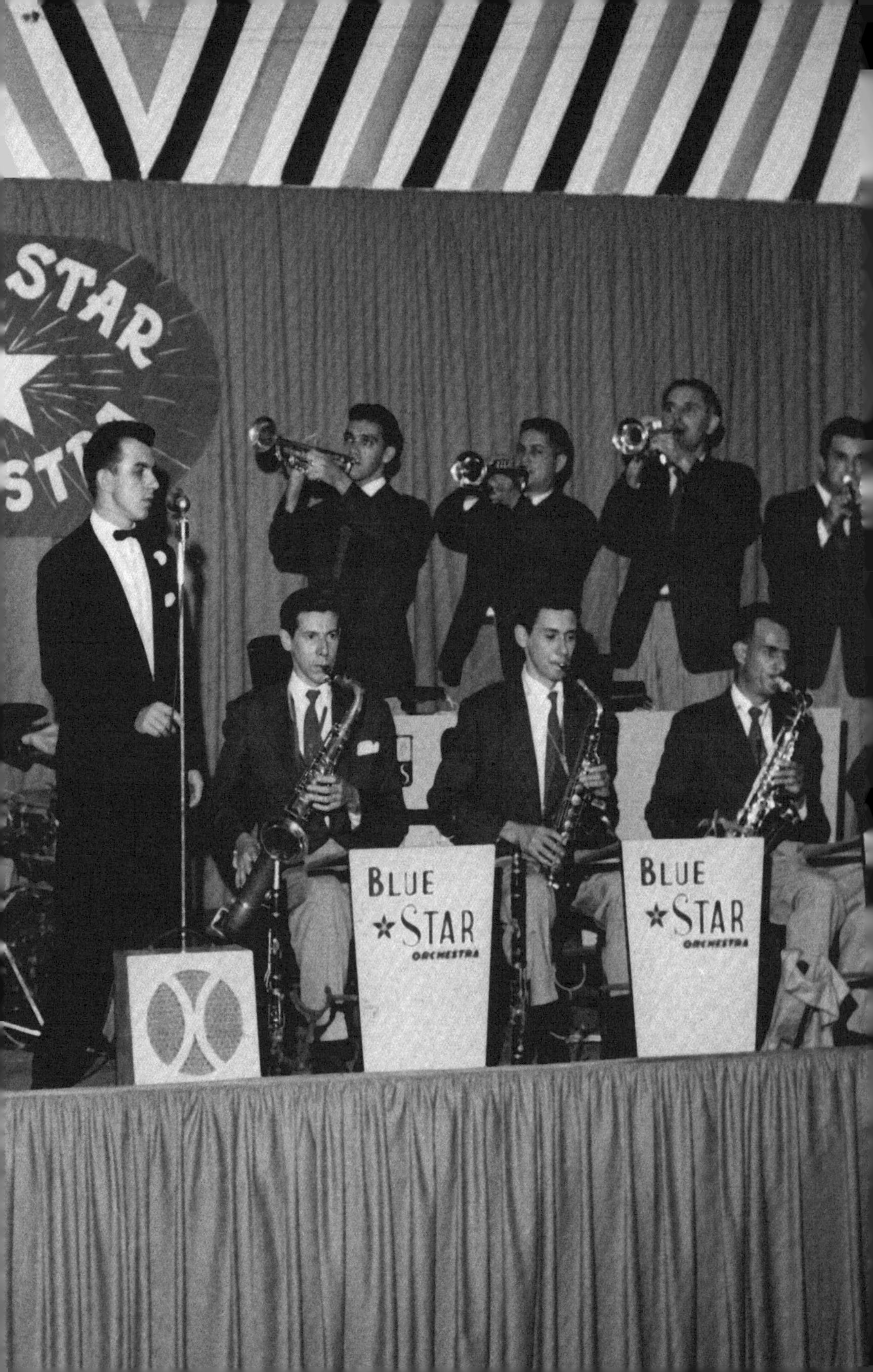
STAR
BLUE
STAR
ORCHESTRA
BLUE
STAR
ORCHESTRA

Estação Rio Claro
A Blue Star brilha nos palcos do interior

Uma orquestra de músicos amadores, que não contava com maestro, mas mesmo assim brilhou no conjunto das orquestras de baile do interior paulista. Assim foi a Blue Star, a orquestra que por cerca de uma década iluminou os palcos dos clubes de Rio Claro e de outras cidades do interior paulista, na época mais agitada – a segunda metade dos anos 1950 e primeira dos anos 1960 – das formações que cantaram a alegria de viver e o sonho de um novo Brasil.

Foram centenas as vezes em que o prefixo *Blue Star – The Medic Theme* (Edward Heyman e Victor Young) foi tocado nos bailes do Grupo Ginástico Rio-clarense e em outros clubes da região, mas também em outros pontos do estado de São Paulo.

A Blue Star está na origem de uma carreira de sucesso no cenário musical brasileiro. É a de Dom Salvador, o pianista que tocou com vários artistas de destaque, como Elis Regina e Marcos Valle, e passou a morar nos Estados Unidos em meados da década de 1970, onde se consolidou como um dos grandes nomes em sua área. Dessa forma, a Blue Star manteve a tradição de vinculação das orquestras do interior de São Paulo com a música de qualidade, refinada e eclética.

Centro de reflorestamento

Berço da Blue Star, Rio Claro não foge à regra das cidades de outras orquestras em termos de trajetória econômica e social. Ela também foi estruturada à base da cafeicultura, que fez crescer a vila de São João do Rio Claro, criada em 7 de março de 1845.

Blue Star Orquestra (1954-1964)
Aparecido Natal (vibrafone) – Ney Casagrande (violão) – Alcides Rebustini (contrabaixo) – Heideval Tomasinni (bateria) – Geraldo Hebling (cantor) – Teddy Spadari (bongô) – Dirceu Manfrinatti, Antônio Peruza e Hélio Rebustini (trompetes) – Alvino Algarve e Silvio Rebustini (trombones) – Vicente Paroli, Thélio Paroli, Hélio Mancuso e José Barana (saxofones)

Também como ocorreu em outras regiões de São Paulo, a economia cafeeira expandiu-se ainda mais após a chegada dos trilhos da Companhia Paulista de Estradas de Ferro, em 11 de agosto de 1876. No caso de Rio Claro, o impacto da ferrovia foi ainda maior. Em 1892, Rio Claro recebeu uma das oficinas da Companhia Paulista, destinada a consertos e reparos de trens e vagões. Era o embrião de um centro de formação de mão de obra que muito ajudou na estruturação de um incipiente polo industrial na cidade.

No início do século XX, começou ali a montagem de um dos hortos florestais destinados à produção de madeira para uso na ferrovia Paulista. A iniciativa de reflorestamento com eucalipto foi de Edmundo Navarro de Andrade. Ele era um dos pesquisadores preocupados com o desmatamento intensivo no estado de São Paulo, provocado pela produção de madeira para confecção de dormentes de ferrovias. O horto de Rio Claro tornou-se um dos mais importantes com esse perfil. Futuramente ele se transformaria na Floresta Estadual Edmundo Navarro de Andrade, importante área de pesquisas científicas e tecnológicas.

Repetindo o que ocorreu em todo o território paulista, em Rio Claro houve a transição da mão de obra escrava para o uso do braço europeu nas lavouras de café e de outras culturas. Além de ver o surgimento da tradicional colônia italiana (composta por sobrenomes famosos, como os de Fittipaldi e Scarpa), a cidade também foi polo de atração de numerosa colônia alemã. E ainda recebeu imigrantes portugueses, espanhóis, suíços, turcos, árabes e austríacos.

Com essa configuração, Rio Claro passou a ter múltiplas influências culturais e musicais. Momentos de destaque na esfera cultural da cidade foram a inauguração, em janeiro de 1864, do Teatro São João, depois Teatro Phoenix, e do Gabinete de Leitura Rio-clarense, em 23 de julho de 1876, que chegou a receber a visita do imperador dom Pedro II. Ainda na década de 1870, foi criada a Philarmonica Rio-clarense, durante um bom tempo o centro de gravidade de saraus literários e musicais. Na década de 1880, nasceu a primeira orquestra sob a direção de José Bento Barreto.

Recuperada da crise do café da década de 1930, Rio Claro seguiu um ritmo cada vez mais industrializante, e a cultura musical seguiu os passos de outros centros urbanos e econômicos de relevo. A vocação industrial era clara. Ainda em 1885, Rio Claro tornou-se a segunda cidade brasileira, depois do Rio de Janeiro, a ter iluminação pública a eletricidade.

A paixão pela música

Se existe uma palavra que resume o cenário musical de Rio Claro, estimulado por uma urbanidade crescente, ela seria "paixão". Foi a paixão pela música que transformou a vida de muitos rio-clarenses e alimentou diversos grupos, incluindo a orquestra Blue Star. A paixão está no cerne da biografia de Vicentina Paula de Oliveira, nascida na cidade em 5 de maio de 1917, filha da portuguesa Alice do Espírito Santo de Oliveira e de Mário de Oliveira, o Mário Carioca, marceneiro na Companhia Paulista de Estradas de Ferro. Saxofonista quando podia, Mário Carioca legou o gosto pela música às quatro filhas, e particularmente a Vicentina, tornada Dalva de Oliveira nos palcos do Rio de Janeiro, onde despontou com o Trio de Ouro ao lado de Nilo Chagas e Herivelto Martins, com quem se casou e teve dois filhos, Ubiratan e Pery Ribeiro. Dalva se firmou como uma das maiores vozes femininas do país em todos os tempos, antes de falecer em 1972.

Também movido pela paixão foi Hélio Mancuso, que viveu em Pederneiras antes de se radicar em Rio Claro. A pequena Pederneiras viveu uma efervescência musical nas décadas de 1940 e 1950, refletindo o clima otimista ecoado em todo o país. Em 1945, quando o mundo comemorava o final da Segunda Grande Guerra e o Brasil se despedia da ditadura de Getúlio Vargas, nasceu em Pederneiras a Jazz Record, onde Hélio Mancuso atuou. Depois da Jazz Record viria a Jazz Band Pederneiras.

Os Titulares do Ritmo nos anos 1950
Hélio Mancuso e Dirceu Manfrinatti entre outros

No início dos anos 1950, foi fundada a Orquestra Copacabana pelo maestro Emílio Francisco Paine. O clima bossa nova se espalhava por todos os cantos do Brasil. Na Orquestra Copacabana, figuravam Hélio Mancuso e seu irmão Luiz, ambos saxofonistas.

O incansável Hélio Mancuso não parou. Ele tocou ainda na Corporação Musical Henrique Marques, de Limeira, e na União dos Artistas Ferroviários de Rio Claro, mais um sinal da influência da Companhia Paulista na vida e na cultura locais. Participou também da Titulares do Ritmo de Rio Claro, que está na origem da Blue Star.

Com efeito, a Blue Star teve uma trajetória típica de muitas orquestras do interior paulista, tendo sido formada a partir de outras orquestras e por sua vez gerando outras formações. No começo dos anos 1950, Rio Claro tinha a Orquestra Excelsior, formada, entre outros integrantes, por Dirceu Manfrinatti no pistão, Vicente Paroli no saxofone e Teddy Spadari como ritmista.

Em 1953, o mesmo Spadari formou os Titulares do Ritmo com Dirceu Manfrinatti. Os Titulares contavam ainda com o saxofone de Oswaldo Mamprim, a bateria de Hélio Thomazini, o acordeom de Singel Celória e o cavaquinho e violão de Reinaldo Casagrande, destacando-se também a presença do ritmista Clodoveu Brasil de Mello.

Já havia o famoso Titulares do Ritmo, e o grupo de Rio Claro precisou mudar seu nome. O Titulares do Ritmo era um conjunto formado por cegos ligados ao Instituto São Rafael de Belo Horizonte, que fez muito sucesso no Brasil. O conjunto durou cerca de um ano e em 1964 a mesma dupla Spadari-Manfrinatti formou com Hélio Mancuso a Blue Star Orquestra.

A Blue Star começou contando com os trombonistas Silvio Rebustini e Alvino Algarve, o tecladista Aparecido Natal, o contrabaixista Alcides Rebustini, os trompetistas Antônio Peruzza e Hélio Rebustini,

A Blue Star Orquestra em uma de suas primeiras formações nos anos 1950

O naipe de metais da Blue Star Orquestra
Dirceu Manfrinatti, Antônio Peruza, Hélio Rebustini (trompetes) – Alvino Algarve e Silvio Rebustini (trombones)

os saxofonistas José Barana, Carlos Ferraz e Thélio e Vicente Paroli e o cantor Geraldo Hebling.

No piano, igualmente vindo da Titulares do Ritmo, esteve por algum tempo um adolescente que já se mostrava brilhante. Era Salvador Silva, que depois seguiria carreira internacional com o nome de Dom Salvador. Em 1961, Silva já estava no Rio de Janeiro, onde logo integrou o Copa Trio e gravou, em 1965, o disco *Salvador Trio*. Foi o primeiro de uma série de 13 álbuns acompanhando cantores e músicos como Edu Lobo, Sylvia Telles, Toni Tornado e Elis Regina. Embebido na bossa nova, Dom Salvador foi integrante do lendário Abolição, grupo formado apenas por músicos negros. No meio da década de 1970, Dom Salvador fez uma viagem de férias aos Estados Unidos e de lá não saiu mais. Já se apresentou ao lado de feras do *jazz* norte-americano como o saxofonista Robin

Blue Star Orquestra – A cozinha
Geraldo Hebling (maracas) – Ney Casagrande (violão) – Heideval Tomasinni (bateria) – Teddy Spadari (bongô) – Alcides Rebustini (contrabaixo) – Aparecido Natal (acordeom) – José Barana (clarineta)

Kenyatta (1942-2004), os baixistas Cecil McBee e Ron Carter, o flautista Herbie Mann (1930-2003) e o saxofonista Charlie Rouse (1924-1988). Sucesso nos Estados Unidos, Dom Salvador nunca se esqueceu do início de carreira nos Titulares do Ritmo e na Blue Star de Rio Claro.

Uma década de alegria

A Blue Star Orquestra durou dez anos, de 1954 a 1964. Foram anos intensos, de muita alegria e, claro, muita paixão que movimentaram a Blue Star.

Por ela passaram nomes como o do saxofonista Otávio de Muzzio, do trompetista Sanches Peruzza e dos violonistas Professor Oswaldo e Paulo de Jesus. Os integrantes da Blue Star em suas várias formações não deixam dúvidas sobre a grande influência da comunidade italiana na vida das orquestras. Os sobrenomes italianos eram muito comuns entre seus componentes, indicando a força de um legado cultural importante e ratificando a presença desses imigrantes na rica mestiçagem cultural brasileira.

A Blue Star teve três cantoras, Zelinda, Maria Alice e Aracy Stein. Outro cantor foi Euclides Alves. Em um tempo de muitas dificuldades, sobrava ânimo para os componentes do grupo. Mesmo quando, contratada para tocar em Sertãozinho, a orquestra não viu a cor de seu cachê, simplesmente porque o empresário que havia contratado o serviço fugiu com o dinheiro. No retorno a Rio Claro, várias rifas foram promovidas para pagar o custo da viagem.

A solidariedade sempre foi uma marca do grupo, nota Antônio Cesar Mancuso, o Dindo, filho de Hélio. Ele se lembra do dia em que um famoso cantor brasileiro, em excursão pelo interior de São Paulo, viu-se sem dinheiro. Foi feito um apelo para que a Blue Star promovesse uma matinê dançante em um clube de Rio Claro, visando arrecadar recursos para que ele pudesse retornar ao Rio de Janeiro.

"Sim, eram amadores, mas faziam tudo pela música. Um ajudava o outro e todos procuravam aprender e cooperar para que a orquestra ficasse cada vez melhor", destaca Dindo. "A vontade de crescer era muito grande, todos se empenhavam para comprar partituras, para arrumar instrumentos melhores", concorda Dirceu Manfrinatti. "Foi uma época sem igual, não dá nem para descrever", completa Aracy Stein.

O que a música representa para as pessoas que viveram a orquestra Blue Star pode ser resumido pela biografia dos irmãos Thélio e Vicente Paroli, ambos respectivamente com 89 e 90 anos no início de 2013. Vicente se lembra com clareza da professora de música, Dona Luiza, que o incentivou a tocar na "fanfarra do grupinho" em 1932. "Foi muito bom conhecer a música no grupo escolar e nunca mais ela me largou. Pena que o ensino de música foi deixado de lado", lamenta Vicente, explicando em poucas palavras um dos motivos da mudança de sensibilidade musical na história recente do Brasil, depois dos anos de alta qualidade nas décadas de 1950 e 1960. Época que a Blue Star representou com enorme dignidade.

Músicos remanescentes da Blue Star de Rio Claro em 2012
Vicente e Thélio Paroli (saxofones) – Heideval Tomazinni (bateria) – Aracy Stein (cantora) – Dirceu Manfrinatti (trompete)

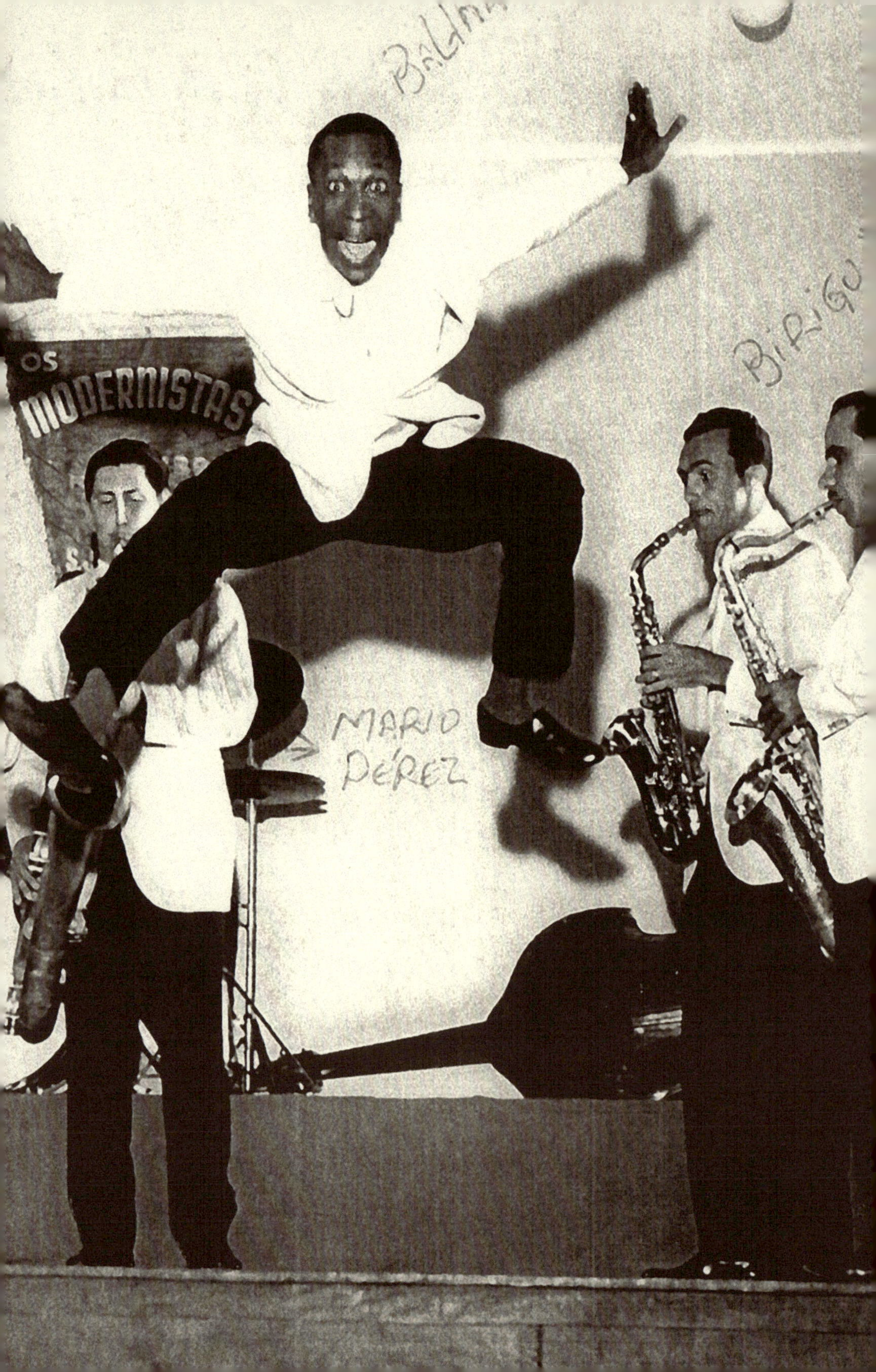
OS
MODERNISTAS
MARIO
PÉREZ

Estação São José do Rio Preto
A cidade das orquestras projeta grandes músicos para o Brasil

Uma galeria de orquestras e conjuntos musicais de alta qualidade. São José do Rio Preto pode se orgulhar de ter como patrimônio cultural um dos principais elencos de músicos do interior de São Paulo. A cidade de Paulo Moura, Renato Perez, Osmar Milani, do maestro Zaccarias e de Roberto Farah exibe um currículo invejável, perfeito para os rio-pretenses e paulistas de outros locais que dançaram e se extasiaram com esses grupos de excelência.

A Orquestra Paratodos, as orquestras de Osmar Milani e Renato Perez, o Conjunto Icaraí, Os Modernistas e a Tropical Brazilian Band são as principais orquestras que animaram centenas de bailes no Automóvel Clube, no Sírio-Brasileiro, no Monte Líbano e em outros clubes de Rio Preto e de outras cidades brasileiras.

Um nome está vinculado a alguns dos principais momentos das orquestras rio-pretenses desde o final da década de 1950: o maestro Luiz Carlos Ribeiro atuou como músico, regente e empresário de várias orquestras e é uma referência para todos os profissionais, bailarinos ou fãs que se deliciaram com a música tocada a partir de São José do Rio Preto. Essa cidade contou com múltiplas colônias de imigrantes em sua formação e consolidação como um dos principais polos econômicos e culturais do interior.

Pluralidade cultural

A pluralidade cultural está na origem da formação de Rio Preto como importante núcleo urbano. Lavradores do sul de Minas Gerais foram os

Renato Perez e sua Orquestra nos anos 1950
Lourival, Sanica e Jorginho (trompetes) – Edin Neves "Laquimé" e Benedito Barbosa (trombones) – João Lopes (contrabaixo) – Álvaro Francisco Alves (ritmista) – Aquino (violão) – José Lacerda (bateria) – Roberto Benedito Farah (piano) – Antônio Cordeiro, Mário Perez, Moacir Bertozzi, Renato Perez e Valdir Silva (saxofones) – "Cantinflas" (ritmista) – Antônio Neto (cantor) – Gelásio (ritmista)

Os Modernistas nos anos 1960
Ecles (contrabaixo) – Zezito (bateria) – José Cunha de Oliveira Mourão "Boca" (ritmista) – Luiz Carlos Ribeiro (piano) – Antônio Neto (cantor) – Renato Perez (saxofone) – Dubail Ferreira (clarineta) – Valdir Silva (saxofone) – Romeu (trompete) – Edin Neves "Laquimé" (trombone)

Tropical Brazilian Band (1975-)
Vavá e Nestor (ritmo) – Edin Neves "Laquimé" (trombone) – Papinha, Vicente e Cezar (trompetes) – Cordeiro, Monteirinho, Birigui e Baiano (saxofones) – Vadeco (violão) – Waltão (contrabaixo) – Willian Bassit e "Cantinflas" (ritmo) – Antônio Neto (cantor) – Luiz Carlos Ribeiro (maestro e piano)

pioneiros colonizadores da região, originalmente habitada por indígenas caingangues. Em 20 de março de 1855, foi criado o Distrito de Paz de São José do Rio Preto, ligado ao município de Araraquara.

Em julho de 1867, Rio Preto recebeu a visita do tenente Alfredo D'Escragnolle Taunay, o futuro Visconde de Taunay, que dormiu na casa do pioneiro João Bernardino de Seixas Ribeiro. Taunay vinha da frente de batalha na Guerra do Paraguai em direção ao Rio de Janeiro para levar informações ao imperador dom Pedro II.

A elevação a freguesia aconteceu em 1879. Em 19 de julho de 1894, a vila de São José do Rio Preto foi elevada a município. Sua primeira eleição teve lugar em 19 de outubro do mesmo ano. Desde a segunda metade da década de 1880, Rio Preto recebeu grupos de imigrantes de várias nacionalidades: sírios, libaneses, italianos, espanhóis, portugueses, japoneses e armênios, entre outros. Cada grupo constituiu o seu clube e contribuiu para a pluralidade cultural essencial na formação musical rio-pretense.

O café também teve grande importância na estruturação da economia de Rio Preto, mas sua formação pluricultural e sua localização estratégica facilitaram a criação de um polo comercial de peso, principalmente após a inauguração, em 9 de julho de 1912, da estação da Estrada de Ferro Araraquara (EFA). Antes, em 1908, na Vila Miguel Calmon, foi inaugurada uma estação da Estrada de Ferro Noroeste do Brasil, sediada em Bauru.

Um ativo movimento cultural foi articulado. Data de 1903 a fundação do primeiro jornal, *O Porvir*, de Adolpho Guimarães Corrêa. Um ano depois, os maestros João Gomide e Antônio de Pádua Gomide criaram a Banda Lira Rio-Pretense. Em 1905, foi inaugurado um coreto, após campanha liderada por *O Porvir*. Em 1906, foi inaugurada a Associação Teatral Rio-Pretense, iniciativa de José de Molina Quartim, Belmiro José Gomes, João Gomide, do capitão José Maria e dos irmãos Alarico e Gilberto Lex. Uma empresa produtora de filmes, a Cinematografia Progresso, seria fundada em 1920 pelos irmãos Demonte.

Naquele mesmo ano era fundado o Rio Preto Automóvel Clube, que viria a ser um dos principais palcos das *big bands* rio-pretenses. A década de 1920 foi pródiga em iniciativas culturais e artísticas, com a criação de novos jornais e revistas como *A Phalena* e do Cine-Theatro São José.

Um fato crucial para o ambiente musical foi a fundação, em 1929, do Conservatório Dramático e Musical D. Pedro II por Enyd Gomide e pelo maestro Arthur Ranzini. O conservatório foi responsável pela formação de vários músicos, alguns deles que viriam a atuar nas orquestras locais.

Momento memorável foi a apresentação no Cine-Theatro São José, em 4 de março de 1931, do maestro Heitor Villa-Lobos, ao lado da cantora Anita Gonçalves de Souza e da pianista Lucila Souza Lima. Villa-Lobos estava muito envolvido no movimento do canto orfeônico, tornado obrigatório nas escolas a partir daquele ano por decreto de Getúlio Vargas.

A atmosfera era toda favorável. Em breve, após o cataclismo político representado pela Revolução de 1932, teve início uma era de grandes orquestras em Rio Preto. A cidade foi uma das pioneiras no segmento, com uma orquestra que contava com a participação de um nome que futuramente se projetaria em âmbito nacional, o do maestro Osmar Milani.

A era das grandes orquestras

A cidade estava cada vez mais conectada com os grandes polos culturais brasileiros e internacionais. Em 14 de abril de 1934, foi inaugurado o primeiro voo comercial entre Rio Preto e São Paulo, operado pela Viação Aérea São Paulo (VASP). No mesmo ano nasceu a Orquestra Paratodos, iniciativa dos irmãos Osmar, Gerson e Lelo Milani e de José de Oliveira. Bisneto, neto, filho e irmão de músicos, Osmar estava naturalmente vocacionado para a profissão.

Os irmãos Milani receberam notável influência do maestro Arcângelo Raphael Quaranta, regente entre 1917 e 1932 da Orquestra Municipal de Rio Preto. Passaram pela orquestra nomes como os dos irmãos Pedro e Lico Moura (pai e tio do grande Paulo Moura), além do maestro Zaccarias.

A orquestra do maestro Quaranta se apresentava em lugares como o Cine-Theatro Rio Preto, o Cine Capitólio e o Eden Park, misto de bar, restaurante e local de patinação e danças. Os irmãos Milani ficaram encantados com as apresentações dirigidas pelo maestro Quaranta e se entusiasmaram a criar a Paratodos. Entre outros músicos importantes, a orquestra contou com Paulo Moura no início de uma carreira que ganharia destaque nacional e internacional.

A Paratodos é citada pelos que viveram os bons tempos das orquestras. O maestro Osmar Milani passou apenas cinco anos na Paratodos,

Orquestra Paratodos nos anos 1940

pois em 1939 se mudaria para São Paulo para atuar na orquestra de Orlando Ferri. Ele trabalhou no Cassino Guarujá antes de voltar a São Paulo, onde brilhou em todas as rádios de peso até chegar à Rede Globo. Mais tarde, ele ainda se juntaria ao SBT para participar do programa de Silvio Santos.

Depois da Paratodos, Rio Preto contou por algum tempo com a presença da orquestra de Renato Perez, que cumpriu trajetória de sucesso em São Paulo e no Rio de Janeiro, tocando com o conterrâneo Osmar Milani. Outro rio-pretense que atuou ao lado de Osmar, tendo inclusive regido a sua orquestra, é o maestro Luiz Carlos Ribeiro, outro ícone das orquestras do interior paulista.

Também passou pela Paratodos o músico Álvaro Francisco Alves, o Álvaro das Maracas, que mais tarde criaria o Conjunto Icaray (que durou de 1957 a 1965) e outros grupos musicais para se tornar uma das principais referências do Carnaval de Rio Preto. Na década de 1980, Alves montou uma banda com mais de 30 músicos e animou o Carnaval do clube Palestra. Ficou na história.

Os irmãos Perez

Um músico que passou por várias orquestras é o saxofonista Mário Perez, paulista de Ibirá como o irmão, Renato. Mário passou pela Orquestra de Valparaíso entre 1948 e 1950; esteve também na Marajoara, de 1951 a 1953; na Pedrinho de Guararapes, entre 1954 e 1955; compôs a Renato Perez e Orquestra, entre 1955 e 1958; participou do Conjunto Icaray, entre 1959 e 1960, e de vários outros grupos musicais, como Os Modernistas, até se juntar à Orquestra Sinfônica Municipal de São José do Rio Preto, entre 1992 e 1997.

Renato Perez também transitou por várias orquestras. Ele foi um dos fundadores da Marajoara, de Catanduva, onde ficou de 1951 a 1953, e atuou na orquestra de Pedrinho de Guararapes. Logo chamou a atenção

Conjunto Icaray nos anos 1960
Roberto Farah (acordeom) – Lourival (trompete) – Onofre (trombone) – Álvaro Francisco Alves Álvaro das Maracas" (ritmista) – Erlon José (cantor) – João Lopes (contrabaixo) – Beta, Moacir Bertozzi e Toninho (saxofones) – José Lacerda (bateria)

de músicos importantes da capital, e entre 1958 e 1960 integrou a Orquestra da Rádio Nacional, em São Paulo, sob a regência de Osmar Milani. Também integrou a orquestra do maestro Enrico Simonetti, em São Paulo (1961), a Banda Veneno, no Rio de Janeiro, a Orquestra Élcio Alvarez, de São Paulo (1971 e 1972), e a orquestra do maestro Zezinho da TV, em São Paulo (1982).

Por vários anos Renato Perez foi considerado o maior sax-barítono do Brasil. Ele fundou a própria orquestra, que tocou muito no interior paulista e em outros estados. Com muitos contatos no Rio e em São Paulo, onde foi muito requisitado, Renato Perez gravou seis discos muito ouvidos à época e hoje disputados a peso de ouro por colecionadores. Um raro exemplo de boa discografia legada por músico importante do interior paulista. Entre os títulos lançados pela Chantecler, *Samba Toff*,

Noite de gala no Jockey Club (de Rio Preto), *Renato Perez e seu conjunto* e *A noite do meu bem*, com arranjos de Guerra-Peixe e Antônio Arruda para clássicos como "A noite do meu bem", "Fascinação" e "Eu sei que vou te amar".

Da mesma São José do Rio Preto em que os irmãos Perez brilharam saiu o pianista Roberto Benedito Farah. Regente da Orquestra Sinfônica Rio-Pretense e do Coral do Teatro Municipal, ele atuou na orquestra de Renato Perez, no Conjunto Musical Icaraí e na Orquestra Pedrinho de Guararapes.

Mago do piano

A história se repete, assim como a música. Luiz Carlos Ribeiro (1941-) começou a tocar com total apoio do pai, o lavrador Sebastião Ribeiro, que lhe presenteou com um acordeom quando o filho tinha pouco mais de 10 anos. Mas o começo de sua carreira foi incomum em um aspecto. Luiz fazia parte de um trio sertanejo, o Craveiro, Cravinho e Luiz Carlos. Os irmãos Sebastião e João Franco, o Craveiro e o Cravinho, prosseguiram na trilha sertaneja, mas Luiz seguiu outros rumos.

Na Rádio PRB-8, inaugurada em 1935 pelo dentista Raul Silva, Luiz apareceu em programas como o *Clube da Cirandinha*. Ele trabalhou profissionalmente desde os 13 anos, tocando em muitas festas e se apresentando no Restaurante Jussara, onde vários músicos mais tarimbados tocavam esporadicamente. Então, em 1957, apareceu o convite para tocar na Icaraí de Álvaro Francisco Alves.

Luiz Carlos Ribeiro tinha 16 anos. A música já era toda a sua vida. Ele estudou no Conservatório Etelvina Ramos Vianna, de Rio Preto, e no Conservatório de Canto Orfeônico da PUC Campinas. Seu instinto empreendedor estava aflorando e, apenas dois anos depois de tomar parte da Icaraí, Luiz participou da fundação de um conjunto que marcou época, Os Modernistas. O conjunto de 12 participantes com som de *big band* de 18 figuras, a que denominou conjunto-orquestra, seguiria o ritmo das orquestras paulistas, com apresentações em centenas de bailes Brasil afora.

A formação inicial de Os Modernistas contava com Mário Perez no sax-barítono, Dubail Ferreira no sax-alto, Valdir Silva no sax-tenor, Baltazar no contrabaixo, Romeu no trompete, Edin Neves "Laquimé" no trombone, Zezito na bateria, Genésio na guitarra, o cantor Antônio Neto, José Cunha de Oliveira Mourão "Boca" no ritmo e o próprio Luiz Carlos no piano e acordeom.

Entre 1960 a 1975, Os Modernistas marcaram época em Rio Preto e na região. A roda viva foi intensa. Em um mês de janeiro, a orquestra tocou 32 vezes, uma por dia e uma especial na matinê do Tênis Clube

Os Modernistas nos anos 1960
Ditão (trombone) – José Cunha "Boca" (bateria) – Clóvis (trompete) – Mário Perez, Birigui e Valdir Silva (saxofones) – Luiz Carlos Ribeiro (piano) – Baltazar (contrabaixo)

de Bauru. Para garantir a qualidade das apresentações, havia ensaios regulares na sede do Clube Fluminense, na Vila Ercília, cujo aluguel era pago com apresentações no mesmo espaço. Além dos bailes, houve muitas apresentações na televisão, no *Clube do Bolinha*, no *Programa Silvio Santos*, no legendário *Almoço com as Estrelas* de Airton e Lolita Rodrigues. Os Modernistas atuaram até 1975 e gravaram quatro discos: *Os Modernistas, Baile moderno, Antônio Neto e Os Modernistas* e *Valsas de hoje.*

Como empresário, a música continua

Ainda com Os Modernistas, Luiz Carlos Ribeiro começou nova frente de atuação como empresário do grupo. Ele gostou da atividade e se tornou, atuando com dois sócios, um dos principais representantes de grupos musicais do interior de São Paulo, nunca descuidando de sua vocação e sua paixão, o piano.

Um de seus feitos como empresário foi produzir o primeiro show de Roberto Carlos em Rio Preto, na praça Dom José Marcondes. O tumulto foi tamanho que Luiz precisou arquitetar um esquema incomum para resgatar o Rei e levá-lo para um jipe Candango estacionado ao lado do palco. Outros nomes de peso da música brasileira fizeram apresentações em Rio Preto e em outras cidades com a participação de Luiz Carlos Ribeiro.

Um grande marco de sua carreira empresarial foi a formação da Tropical Brazilian Band, orquestra de grande qualidade formada em 1975 com o fim de Os Modernistas. A Tropical merece destaque pelo enorme sucesso alcançado à época. Entre 1975 e 1978, a orquestra e o cantor Gregorio Barrios apresentavam-se com o baile-show Noites de Nostalgias, montado por Luiz Carlos Ribeiro no estilo do Baile da Saudade, criado por Francisco Petrônio em 1966 na TV Paulista (depois Globo).

Além de ser o empresário, Luiz Carlos acompanhava Gregorio Barrios no palco com a Tropical Brazilian Band. Ele é um ícone das fantásticas orquestras do interior de São Paulo, tendo gravado quatro discos, três deles da série *Noites de Nostalgias*.

LP *Noites de Nostalgias* –
Tropical Brazilian Band & Gregorio Barrios

LP *Noites de Nostalgias vol. 2* –
Tropical Brazilian Band & Gregorio Barrios

LP *Noites de Nostalgias vol. 3* –
Tropical Brazilian Band & Gregorio Barrios

Tropical Brazilian Band & Gregorio Barrios – Noites de Nostalgias – nos anos 1970
Vandi (teclados) – Waltão (contrabaixo) – Cordeiro, Birigui e Baiano (saxofones) – Luiz Carlos Ribeiro (maestro)

Gregorio Barrios

Nascido em Bilbao, Espanha, em 31 de janeiro de 1911, Gregorio Barrios despontou para a música na Argentina, para onde sua família se mudou quando ele tinha apenas 10 anos. Seu pai sofria perseguições políticas na Espanha por ser um socialista ferrenho.

Após trabalhar por anos em uma empresa de pavimentação de estradas, Gregorio foi incentivado a cultivar a bela voz e em 1938 fez sua estreia na Rádio Callao de Buenos Aires. Na terra do tango, destacou-se como um dos maiores cantores de boleros. A partir de 1940, e por muitos anos, fez parte do elenco da Rádio

> El Mundo da capital argentina. Em 1941, fez sua primeira turnê no Brasil, no Cassino São Vicente e na Rádio Cruzeiro do Sul, da capital paulista. Ele voltaria muitas outras vezes, até que em 1962 se transferiu para o Rio de Janeiro, após anos de viagens internacionais, gravações de discos e filmes e um grande êxito popular.
>
> Empresário sem bons resultados no ramo de calçados na região de Ribeirão Preto, Barrios voltou a se dedicar à música em tempo integral com a Tropical Brazilian Band de Luiz Carlos Ribeiro, em 1975. Em 17 de dezembro de 1978, quando já morava em São Paulo, Barrios sofreu infarto fulminante. Quando morreu, tinha agendadas cerca de 80 apresentações com a orquestra para o ano seguinte.

Ribeiro ainda tentou manter o espírito das *Noites da Nostalgia*, com Agnaldo Rayol, Francisco Egídio e outros cantores. A Tropical Brazilian Band continuou tocando até 1990 com praticamente a mesma formação, tendo gravado o álbum *25 anos de Mambo*. A faixa "Mambo nº 5", de Pérez Prado, foi incluída na trilha sonora da novela *Morde e assopra* da Rede Globo em 2010.

Mas o clima não era mais o mesmo: a Tropical Brazilian Band acabou se transformando em um conjunto musical, sempre de alta qualidade, mas com outros propósitos, formações e características. A banda existe até hoje.

CD *25 anos de mambo* –
Tropical Brazilian Band

Revival **de Os Modernistas em São José do Rio Preto, 2004**
José Cunha "Boca" e Willian Bassit (ritmo) – Pedro Rui e Birigui (saxofones) – Amaro (trombone) – Luiz Carlos Ribeiro (teclados) – Seixinhas (trompete) – Antônio Neto (cantor) – Dubail Ferreira (clarineta) – Waltão (contrabaixo)

Durante dez anos Ribeiro deixou de tocar profissionalmente. O amigo Fernando Marques, músico e historiador, o convenceu a voltar ao piano e Ribeiro levou sua arte para várias apresentações no Automóvel Clube. Ele assumiu o piano que um dia fora de Roberto Farah, uma referência importante. "Eu ficava ouvindo o Roberto durante horas, não me cansava e sempre aprendia", lembra Ribeiro. Em 2004, participou de um *revival* de Os Modernistas, montado para marcar os 50 anos de criação da orquestra.

O respeito, a paixão, o encanto pela música o acompanharam desde sempre. Luiz Carlos Ribeiro é um maestro, um professor, um amigo para muitos músicos de Rio Preto e seu entorno, um mago para quem presenciou suas sublimes apresentações.

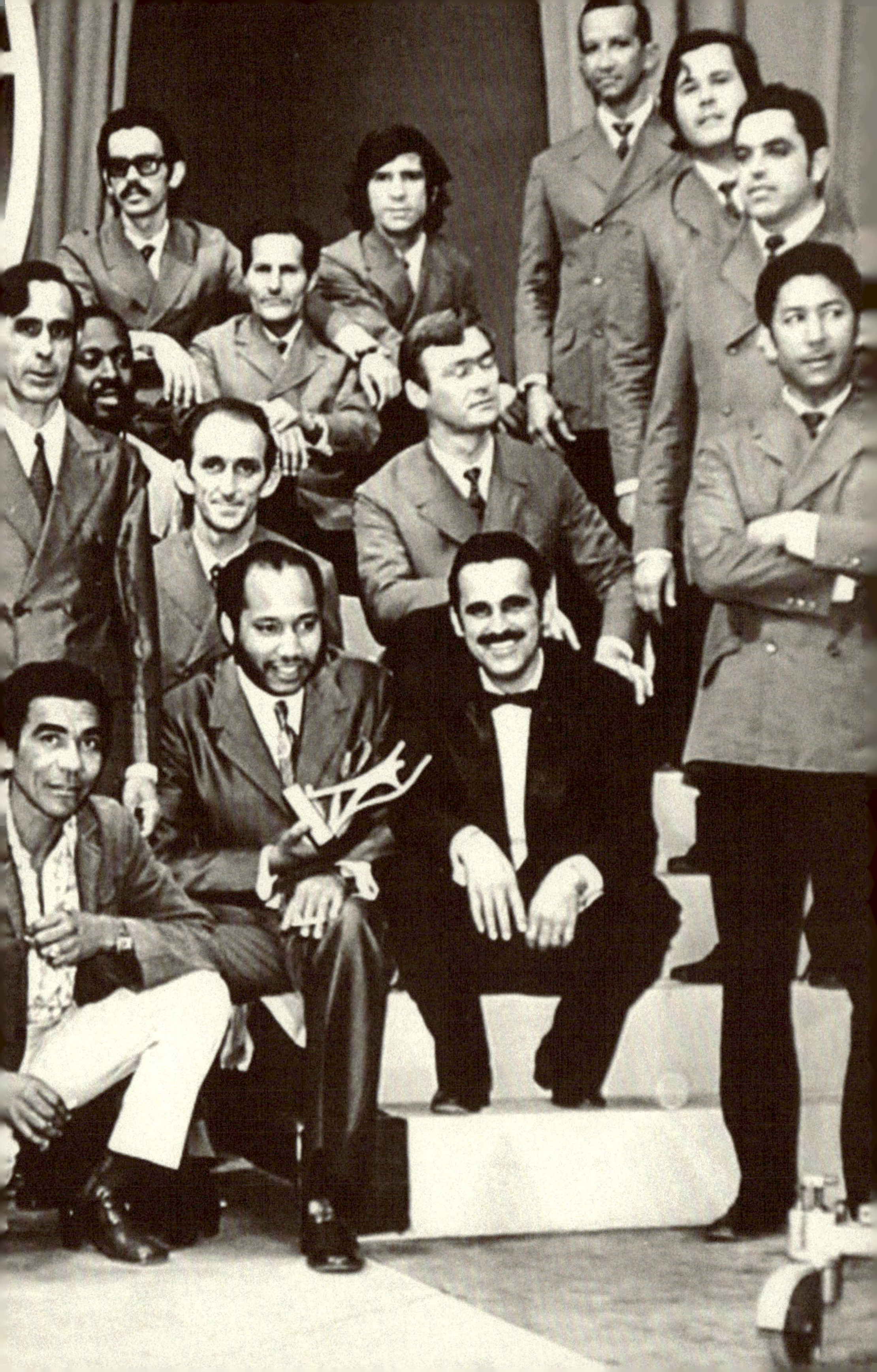

Estação Tupã
A fábrica de música da família de Júlio de Castro

Caso excepcional na história das orquestras de baile, Tupã não é o berço de apenas uma, mas de três grandes orquestras de baile. Todas nasceram de uma só fonte, a família de Júlio de Castro, o amante da música que, presenteando os filhos com sua paixão e seus ensinamentos, abriu um dos mais importantes e singulares capítulos dessa história.

A trajetória dessas três conhecidas orquestras, Nelson de Tupã e as orquestras de Jasson e Leopoldo, repetem elementos presentes em quase todas as famosas orquestras de baile do interior de São Paulo. A origem da paixão pela música está no sangue, a afinidade total com a música é o legado de um pai que já carregava o encanto das sete notas no código genético.

O fascínio de Júlio pela música era tamanho que ele batizou os filhos com nomes inconfundíveis e afinados com a sua vocação: Nelson, Gelson, Jasson, Wilson e Adilson de Castro. O som em toda parte na vida de Júlio. Apenas Júlio e Leopoldo escaparam dos nomes "rimados", mas não do destino que todos tiveram: a imersão no mundo da música.

A New Orleans brasileira?

Apenas por isso, por ser o local de nascimento de grandes orquestras, Tupã já poderia ser conhecida como a New Orleans brasileira. No entanto, a cidade mantém ainda outras semelhanças, guardadas as devidas proporções, com a meca mundial do *jazz*.

Nelson e sua Orquestra Tupá (1949-1970)
Ari de Almeida (bateria) – Carlinhos (violão) – Monteiro (contrabaixo) – Leopoldo e Gelson de Castro e Derville (trompetes) – Renero Soares de Jesus, Wilson de Castro e Jonas (trombones) – Isaltir de Carvalho (ritmista) – NI, Eliseu "Peixinho", Nelson de Castro, Bororó e Idalvo Flores de Carvalho (saxofones) – NI e Otela Monteiro (cantores)

Jasson e sua Orquestra Tupã (1955-1963)
Joãozinho, Adilson de Castro e Jasson de Castro (trompetes) – Wilson de Castro (trombone) – Monteiro (contrabaixo) – José Soares (bateria) – Miguel Giglio (pandeiro) – José Nascimento (violão) – José Adelino Gião "Prequeté", Lázaro Ribeiro Guimarães, João Cunha e Wilson Botter (saxofones) – NI e Nelson Mello (cantores)

Leopoldo e sua Orquestra Tupã (1963-)
Leopoldo (sonoplasta) – Celino e Jiuliano (ritmistas) – Abreu (bateria) – Hélio, Rodrigo e Ricardo (trompetes) – Biriguí e Lelo (trombones) – Deise (cantora) – Francis (guitarra) – Geni (contrabaixo) – Kelly e Thais Fonseca e Jhony (cantores) – Carlos Pola, Benedito Ferreira e Marli (saxofones)

Em primeiro lugar, tais semelhanças são de ordem geográfica. Como a irmã norte-americana, Tupã é rica em água e sua população tem contato frequente com os rios da região, particularmente os rios do Peixe e Feio (ou Aguapeí), ambos pertencentes à bacia do rio Paraná. Pescarias ou longas horas ao longo desses rios, apenas contemplando sua beleza natural, sempre integraram o modo de vida da região, contribuindo como fator de atração para os músicos de São Paulo e de outras cidades que tocaram nas orquestras de Tupã da família Castro.

Outra similaridade com New Orleans está na questão étnica. Se esta cidade é importantíssima para a história afro-americana, a trajetória de Tupã é muito marcada pela influência indígena, a começar pelo nome da cidade, o do grande Deus venerado por muitos povos autóctones, muitos deles homenageados como nomes das principais ruas centrais. As raízes indígenas, que enriquecem e fertilizam a mescla cultural brasileira, estão impressas na história de Tupã e são sintetizadas na lembrança da índia Vanuíre. Teria sido ela a responsável pela paz selada entre os brancos colonizadores e os indígenas caingangues, moradores originais da região que resistiram à ocupação forasteira até as primeiras décadas do século XX. O Museu Histórico e Pedagógico Índia Vanuíre reúne, hoje, importantes elementos que documentam esse período importante.

De novo, a ferrovia

As raízes culturais e a localização geográfica estratégica ajudam, mas uma das principais explicações para o fato de Tupã ter se transformado no nascedouro de três importantes orquestras de baile está, novamente, na ferrovia. Foi ela que forneceu a base econômica para Tupã, ao lado, como sempre, do café.

Inaugurada em 1941, a estação de Tupã permaneceria por oito anos como ponta de linha de um dos ramais da Companhia Paulista de Ferrovias, sediada em Campinas. Nesse período, a estação foi a segunda em arrecadação para a Paulista, perdendo apenas para a matriz campineira. A partir de 1949, quando deixou de ser ponta de linha, a estação de Tupã viu cair sua movimentação. Mas foi justamente nesse ano que nasceu a primeira das três grandes orquestras locais, a Nelson de Tupã.

Música no sangue

A família de Júlio de Castro morou em várias cidades antes de se estabelecer em Tupã. O primogênito, Nelson, nasceu em Viradouro em 14 de fevereiro de 1920. Leopoldo, outro filho e também futuro maestro, nasceu em 1º de março de 1934, em Terra Roxa. Antes de Tupã, os Castro viveram em Monte Azul, onde Júlio se tornaria maestro de uma pequena orquestra, enquanto a mãe, Elvira Silveira de Castro, cuidava dos afazeres domésticos. Ainda em Monte Azul, Nelson se casou, em 30 de dezembro de 1943, com Aracelis Alvares de Castro.

Logo a família Castro se radicou em Tupã, onde Júlio foi convidado a organizar a Banda Municipal. Júlio havia recebido um convite irrecusável, ainda em Monte Azul, de lideranças de Tupã que foram visitá-lo pessoalmente. Entre essas lideranças estavam João Messas, Américo Scandiuzi e José Lemes Soares, com o apoio de Luiz de Souza Leão.

Já em Tupã, com a esposa e os sete filhos, Júlio fundou, em 10 de julho de 1947, a Banda Musical Municipal, que tocaria por muitos domingos na praça da Bandeira. Entre os 18 componentes iniciais estavam os filhos de Júlio dedicados à música: Nelson, Jasson, Gerson, Wilson, Júlio, Leopoldo e Adilson.

O maestro Júlio de Castro foi ainda, por muitos anos, o empresário das orquestras dos filhos até sua morte, em 17 de maio de 1963, aos 63 anos de idade. Ele faleceu na cidade de Tietê, por onde passava

A Lyra Viradourense com a família Castro em 1939

a trabalho. Em sua homenagem, em 1974, a Banda Municipal de Tupã passou a se chamar Maestro Júlio de Castro. Em 2004, acompanhando a nova formação, veio o atual nome, Orquestra Musical Municipal Maestro Júlio de Castro. A Tupã que acolheu tão bem a família Castro reverencia para sempre esse nome como sinônimo de música de qualidade.

Em 1944, no contexto da Segunda Guerra Mundial, o primogênito Nelson entrou para a Escola Militar. Como sargento, serviu a Força Expedicionária Brasileira, participando da campanha na Itália. Por sua atuação no *front* italiano, foi promovido a 1º tenente em sua volta ao Brasil. Reintegrado à vida civil, Nelson assumiu, em 8 de julho de 1948, um cargo na exatoria da prefeitura municipal. Mas a música era o pão de cada dia da família Castro, e no ano seguinte Nelson criaria a primeira das três orquestras que nasceram da mesma cepa.

Nelson e sua Orquestra Tupã nos anos 1950
Gelson e Leopoldo de Castro (trompetes) – Ari de Almeida (bateria) – Isaltir de Carvalho (pandeiro) – Monteiro (contrabaixo) – Jonas, Ari Menuso e Wilson de Castro (trombones) – Carlinhos (violão) – Idalto Flores de Carvalho, Brasileiro Schetini, Marinho e Eliseu "Peixinho" (saxofones) – Em pé: Stelinha Mendes (cantora) – maestro Nelson de Castro – Nelson Mello (cantor)

Nelson de Tupã, uma glória

A data oficial de fundação da Nelson e sua Orquestra de Tupã é 22 de novembro de 1949. Em pouco tempo ela já estaria na roda-viva dos bailes do interior paulista de outros estados, repetindo a fórmula seguida por outras corporações, englobando fino repertório e alta qualidade de execução, sempre contando com a participação de músicos de peso.

Passaram pela orquestra de Nelson o trompetista Laércio Piovesan, futuro maestro de importante orquestra de Franca, além do baterista e percussionista Antônio de Almeida, o Toniquinho. Tendo ingressado na

Duas grandes orquestras tocando juntas: Nelson de Tupã e Pedrinho de Guararapes em Lucélia, SP, nos anos 1960

orquestra de Nelson em 1957, Toniquinho participaria depois de outras importantes orquestras, acompanhando artistas nacionais do calibre de Roberto Carlos, Cauby Peixoto e Nelson Gonçalves. Teria ainda destacada carreira internacional, acompanhando nomes como Michel Legrand, Sarah Vaughan, Tony Bennett e Lucho Gatica, entre outros. Entre 1980 e 1983, participou das turnês da orquestra francesa de Paul Mauriat por vários países asiáticos. Também chegou a se apresentar com Ray Conniff.

Mas o começo se deu com Nelson e os demais músicos de Tupã. Hamilton Rangel foi *crooner* na orquestra. Ary de Almeida foi baterista. Outro *crooner*, Luiz Fabiano, teria uma carreira de destaque, integrando a orquestra de Silvio Mazzucca em São Paulo. Ele ficou em quinto lugar no II Festival da MPB da TV Excelsior e gravou dois compactos pelo selo Odeon, atual EMI, que tiveram boa aceitação popular: "Não adianta brigar" e "Se você se arrepender". Luiz foi então contratado pela Beverly, gravando logo outro sucesso, "Só interessa você". Seu primeiro LP, pela Beverly, incluiu seu maior sucesso: "Meu bem, ao menos telefone". Ele teve várias músicas gravadas por cantores de renome, como Roberto Carlos, Erasmo Carlos e Wanderley Cardoso. Luiz participou de novelas, morou no exterior e continuou a se apresentar em vários espaços. Ele é mais um expoente da música que começou sua carreira na orquestra de Nelson, de Tupã.

De meados dos anos 1950 até o fim de sua carreira, a Nelson de Tupã dominou o mercado de bailes, sendo a mais requisitada orquestra do interior de São Paulo. Os bailes em que atuava eram garantia de sucesso e certeza de grandes espetáculos, graças à qualidade técnica de seus componentes, ao esmero na seleção do repertório e até à pronunciada elegância com que todos se apresentavam.

Em 1956, a Nelson recebeu em Pindorama, das mãos do jornalista Corifeu de Azevedo Marques, o título de melhor orquestra do interior de São Paulo. Marques foi um dos mais importantes jornalistas brasileiros entre as décadas de 1930 e 1960, a partir de sua participação em *O Grande Jornal Falado Tupi* e também na Rádio Difusora e nos Diários Associados.

Foram centenas as apresentações da orquestra em vários estados. Em cerimônia em Bauru, ela receberia de novo o troféu de melhor orquestra de baile do interior das mãos de Wilson Sandoli, presidente da Ordem dos Músicos do Brasil. O título que Nelson mais amou, no entanto, foi aquele que lhe foi concedido em 20 de novembro de 1961 pela Câmara Municipal: o de cidadão benemérito de Tupã, exatamente pela projeção que deu à cidade.

Os dois discos

A Nelson e sua Orquestra de Tupã gravou dois discos, hoje raridades disputadas por colecionadores. Em 9 de dezembro de 1959, no auge da carreira, foi lançado, em cerimônia pública na avenida Tamoios, centro de Tupã, o LP *Esquentou o baile*, gravado pela RGE.

LP *Esquentou o baile* – Nelson e sua Orquestra Tupã

LP *Nelson e sua Orquestra Tupã*

O repertório da orquestra mesclava *hits* nacionais e internacionais. Os sucessos nacionais eram as canções carnavalescas "Aurora" (de Mário Lago e Roberto Roberti) e "A jardineira" (de Benedito Lacerda e Humberto Porto), mais "Manhã de Carnaval" (de Antônio Maria e Luiz Bonfá), "Ginga nº 5", "Um cachorrinho na Urca", "Ginga nº 2", "Um choro no Cuba" e "Lembre-se". E as internacionais: "Noite Feliz" (Joseph Möhr e Franz Gruber), "Old Man River" (Jerome Kern e Oscar Hammerstein II), "Temptation" e "K Xim Rock".

Dez anos depois, quando a orquestra já era consagrada, veio o segundo LP, pela Beverly. Ele apresentava uma nova coleção de sucessos, desta vez mais internacionais que nacionais. As únicas músicas brasileiras eram "Que pena" (Jorge Ben) e "O conde" (Evaldo Gouveia e Jair Amorim), e as canções internacionais eram "The Ballad of John and Yoko" (John Lennon e Paul McCartney), "These Are Not My People", "My Chérie Amour" (Stevie Wonder), "Alaie", "Tema de amor de Romeu e Julieta", "Happy Heart" (Andy Williams), "Comment te dire adieu" (Françoise Hardy), "Brother Long's Travelling Salvation Show" (Neil Diamond), "You've Made Me so Very Happy" (Alton Ellis) e "Stormy" (James Cobb e Buddy Buie).

O repertório do segundo disco indica claramente que a orquestra estava tentando se adaptar às mudanças de gosto musical da época. A presença dos Beatles e de Stevie Wonder contribui para derrubar a tese segundo a qual um dos motivos para a decadência das orquestras de baile foi a falta de adequação aos novos tempos. Na realidade, foram os parâmetros sociais e culturais que mudaram, dificultando o modelo de operação das orquestras. Elas foram um espelho de seu tempo, de uma realidade política, social e cultural determinada. Quando essa realidade começou a mudar, seu tempo de ouro passou. Mas como elas brilharam em seu auge!

O fim da Nelson de Tupã

Em 1967, Nelson de Castro compôs a música do Hino de Tupã, que tem letra de Autino Rodrigues da Costa Martinez. Ele foi constantemente reverenciado pela cidade que o adotou, dando depoimentos frequentes para a Rádio Piratininga e a Rádio Clube e para os jornais *Folha do Povo* e *Jornal de Tupã*.

Em 7 de março de 1970, chegou o fim de uma era. Às 23h40 faleceu em seu apartamento em Santos o maestro Nelson de Castro. Morreu aos 50 anos, tão novo como Pedrinho de Guararapes. Nelson foi sepultado no dia seguinte, no cemitério São Pedro de Tupã, depois de um velório marcado por grande comoção popular.

Senô, virtuose nas orquestras de Tupã

Um dos principais nomes a figurar em duas das orquestras dos irmãos Castro, as de Nelson e Leopoldo de Tupã, foi o do maestro Senô, como era mais conhecido Senival Bezerra do Nascimento, o pernambucano de Águas Belas nascido em 1932.

Personalidade de múltiplos talentos, Senô começou os estudos no Liceu de Artes e Ofícios de Pernambuco e fez cursos nos Estados Unidos e na Argentina. Membro da maçonaria, dedicou a ela uma de suas últimas composições, "As luzes", peça concebida em três movimentos para orquestra sinfônica. Ele compôs várias músicas para sinfônicas e teve obras apresentadas por orquestras da França e da Holanda, entre tantos outros lugares.

Radicado em Tupã, além de ter tocado pelas orquestras locais, escreveu para jornais como *Jornal de Tupã*, *O Interior* e *Gazeta de Rinópolis*. Tocou também na orquestra de Renato Perez em São José do Rio Preto, ao lado de, entre outros, o legendário Casé.

Exímio arranjador, Senô era também um grande saxofonista e ótimo trombonista. Fez parcerias com grandes nomes da moderna música popular brasileira, como o Quinteto Violado e a Spok Frevo Orquestra, de Recife. "Duda no Frevo" é uma de suas obras mais conhecidas. Uma longa parceria foi estabelecida com os Paralamas do Sucesso. Ele participou dos principais discos do grupo pop. Morreu em Campinas em 4 de maio de 2000.

Orquestra Caçula em Tupã nos anos 1950
Júlio de Castro Filho (pandeiro) – Zequinha (bateria) – Miguel Giglio (Maracas) – Wilson Boter e João Cunha (saxofones) – Mário Cunha (acordeom) – Leopoldo de Castro (trompete) – Altino (trombone)

A Orquestra Caçula e Jasson e sua Orquestra Tupã

Em 1951, os irmãos Mário e João Cunha organizaram um pequeno grupo musical a que chamaram Jazz Caçula. Em seguida, com o aumento do número de integrantes, o grupo passou a se chamar Orquestra Caçula. O nome foi escolhido para uma orquestra que era pequena em comparação com a grande orquestra de Nelson de Castro, então dominante no mercado de bailes em todo o interior. Sua atuação ficou restrita a Tupã e cidades circunvizinhas e seus músicos eram semiprofissionais. Nela

Jasson e Leopoldo e Orquestra de Tupã nos anos 1960
Altino "Tim", Leopoldo e Adilson de Castro (trompetes) – Aldo Paulovic e João "Bagre" (trombones) – José Soares (bateria) – Godofredo (pandeiro) – Antônio Boschini, Lázaro Ribeiro Guimarães, Silas, Benedito Ferreira e Idalvo Flores de Carvalho (saxofones) – Isaltir de Carvalho (contrabaixo) – Élvio Zoratto (acordeom) – José do Nascimento (violão) – Mario Robles, João Pedro e Hamilton Rangel (cantores)

começou a tocar trompete Leopoldo de Castro, que viria a ser cunhado de Mário e João ao se casar com sua irmã Carmem.

Jasson, outro dos irmãos que tocavam com Nelson, tinha uma carreira paralela no setor bancário e não estava conseguindo conciliar as duas atividades com o aumento de demanda de trabalho na orquestra. Nelson então propôs que Jasson se juntasse à Caçula. Como ela tinha menor número de compromissos e poucas viagens, Jasson poderia conciliar melhor os seus horários. Ao mesmo tempo, Leopoldo deveria voltar a tocar na sua orquestra.

Feitos os acordos, Jasson veio para a Caçula e em 1955 assumiu sua direção, rebatizando-a de Jasson e sua Orquestra de Tupã. Estabeleceu-se uma amigável e saudável competição entre elas, o que proporcionou uma considerável melhoria da qualidade técnica dos grupos. Empresariadas por Júlio de Castro, pai de ambos, as orquestras sofreram um expressivo incremento de trabalho, decorrente do aumento do número de bailes. O momento foi muito bem aproveitado por Júlio, que soube potencializar as oportunidades surgidas.

Em 1963, Jasson foi convidado a assumir um novo cargo em outra cidade e legou a direção da orquestra a seu irmão Leopoldo de Castro. Inicialmente, a orquestra foi denominada Jasson e Leopoldo e Orquestra de Tupã. Em seguida, foi rebatizada como Leopoldo e Orquestra Tupã, permanecendo ativa nos últimos 50 anos.

Leopoldo e sua Orquestra Tupã

O dia 1º de setembro de 2012, um sábado, foi histórico para o Círculo Militar de Campinas. Esta foi a data da última apresentação na cidade do maestro Leopoldo de Arruda Castro e sua famosa orquestra de Tupã. A ocasião do Baile da Pátria acabou se transformando na despedida dos clubes campineiros de um dos maiores nomes da época de ouro das orquestras que levaram milhares, talvez milhões, aos salões de dança entre os anos 1950 e 1970. O maestro Leopoldo faleceu no dia 21 de dezembro, na Santa Casa de Misericórdia de Tupã, cidade que amou e onde viveu por tantas décadas.

Por ocasião do baile em Campinas, o maestro Leopoldo concedeu uma de suas últimas entrevistas como parte do projeto deste livro. E a primeira impressão registrada, aquela que fica, é a de uma pessoa amante da música e, acima de tudo, de uma enorme gentileza. E, como ele, eram seus companheiros de estrada, alguns há mais de 30 anos atuando naquela que era uma das últimas remanescentes da época de ouro das orquestras de baile.

Nascido em Terra Roxa, em 1º de março de 1934, Leopoldo encontrou terreno fértil para a música na própria família. Seu primeiro professor foi o pai, e todos os irmãos acabaram trilhando esse caminho. Leopoldo ainda tentou driblar o pai, pois originalmente queria ser jogador de futebol. Na entrevista em Campinas, ele contou com orgulho da "surra" que o seu time, o Tupã, deu no Palmeiras em 1953: 2 a 1. Ele era centroavante, tinha certa habilidade, jurou Leopoldo, que fez um gol contra o alviverde.

O time do Parque Antárctica tinha monstros sagrados como Sarno, Fiume e Rugiro, que a equipe local não respeitou. Nem essa proeza conseguiu dobrar a vontade férrea de Júlio, que decretou: "Futebol não dá dinheiro, continue na música". O esporte bretão perdeu um razoável centroavante, mas o mundo das *big bands* paulistas ganhou um novo líder. Em 1954, aos 20 anos, Leopoldo estava tocando na Orquestra Caçula, de Tupã, dos cunhados João e Mário Cunha.

Foi um período em que acumulou importante experiência, complementada no trabalho seguinte, na Nelson e sua Orquestra de Tupã. Ao lado do irmão, ele aprimorou seus conhecimentos e circulou bastante por bailes de debutantes e de aniversários em várias cidades do interior paulista, do Paraná, do Mato Grosso e no sul do Brasil. "Era uma coisa de louco. A gente se apresentava no cinema e depois no baile. As excursões para o sul demoravam 40 ou 60 dias. Era muito tempo fora de casa", contou Leopoldo.

Em 1955, já estava casado com Carmem, com quem teria os filhos Rosemeire, Leopoldo, Sérgio Luiz e André Luiz. A rotina de viagens e apresentações prosseguiu, e entre 1966 e 1967 Leopoldo atuou na outra orquestra da família, a Jasson e sua Orquestra de Tupã, criada a partir da Orquestra Caçula do cunhado Mário.

A hora de ter sua própria orquestra estava chegando. Amadurecido em termos musicais e já conhecedor profundo do concorrido mercado dos bailes, ele lançou em 1968 a Leopoldo e sua Orquestra de Tupã, sucessora da orquestra de Nelson, mas com nova formação e novos padrões musicais. Ele tinha 34 anos e a aventura estava apenas começando. As duas orquestras, de Leopoldo e Jasson, conviveram até 1970, quando Jasson, que era gerente de banco, foi transferido para São José do Rio Preto.

Após a morte de Nelson, coube a Leopoldo dar continuidade, por um tempo largo, à tradição da família Castro de levar alegria e fascinação a tantas pessoas pelos clubes do interior afora. Muitos dos músicos da orquestra de Nelson foram integrados à de Leopoldo.

Circuito agitado e lamento

Seriam mais de quatro décadas animando e movimentando clubes de dezenas de cidades. Nos centros urbanos maiores, a Leopoldo & Orquestra de Tupã se apresentou várias vezes. Foram diversos os bailes no Luso e no Tênis, de Bauru, no Concórdia, Tênis e Círculo Militar, em Campinas, e mesmo nos dois clubes tradicionais de Tupã, o Tênis e o Marajoara. Mas não faltaram apresentações em Limeira, Rio Claro, Ribeirão Preto e tantas outras cidades do interior paulista.

A orquestra gravou um CD no MacRybell, estúdio de importante história em defesa da música, sediado em Assis e criado no final da década de 1960. "Esse estúdio é a coisa mais linda do mundo", elogiou Leopoldo. Entre outras atrações, o álbum incluiu músicas com arranjos inéditos de Senô Bezerra. O repertório nacional tinha "Norma", "Manhã de Carnaval", "Lamento" e "Vida de bailarina". Entre as canções internacionais, "Begin the beguine" e "Stardust".

Entre outros prêmios, a Leopoldo de Tupã foi reconhecida no 3º Festival das Maiores Orquestras do Brasil, em 24 de abril de 2002. A orquestra também ganhou o Prêmio Índio de Prata na antiga TV Tupi, em programa apresentado por Walter Forster, além de ter sido condecorada pelo governador do Mato Grosso em cerimônia em Cuiabá.

Todos os lugares onde a Leopoldo se apresentou receberam o mesmo ritual, a mesma paixão de todos pela boa música e por ver os casais rodando o salão. Foi o que ocorreu na inesquecível noite de 1º de setembro de 2012, no Círculo Militar de Campinas.

Em sua trajetória, a orquestra de Leopoldo acompanhou, entre outros, Jamelão, Agnaldo Rayol e Emílio Santiago: "Emílio Santiago foi um cantor sem igual no Brasil. Tocamos juntos em Orlândia".

CD *Leopoldo e Orquestra Tupã*

No palco, nessas mais de quatro décadas, sempre houve a presença de músicos brilhantes. Um deles era o baterista Antônio de Almeida, o Toniquinho. Natural de Tupã, ele atuou antes na orquestra de Nelson, em 1957. Começou com o pandeiro. Além das orquestras de Tupã, Toniquinho acompanhou músicos brilhantes como Sarah Vaughan, Tony Bennett e Michel Legrand. Por três anos consecutivos, na década de 1980, excursionou com a orquestra de Paul Mauriat para a Ásia. Membro da Orquestra Jazz Sinfônica de São Paulo, também participou da última excursão de Ray Conniff no Brasil, em 2001.

Casé tocou uns três meses na orquestra de Leopoldo, que tem apenas uma definição para o mineiro: "Ele era um gênio, quando tocava era um americano escrito".

Foi uma carreira longa, mas Leopoldo estava muito preocupado com a decadência dos clubes. Ele lembrou que muitas prefeituras se tornaram responsáveis por promover eventos, abrindo oportunidades para os músicos de verdade. Leopoldo demonstrou maior inquietação com a situação da música no Brasil:

> A musicalidade por si, de orquestra, não tem mais condições. É uma palhaçada o que estão fazendo com a música. Essas músicas que tocam

Leopoldo e sua Orquestra Tupá recebendo o Troféu Índio de Prata na TV Tupi
À esquerda sentados: Aldo e Ferreira. Em pé: NI, Ary Almeida, Wilson de Castro e João Pedro Placidino. Sentados na escada: Adirson de Castro, Mario Robles, Zé Tapera, Antônio Bosquin, Hélvio Zorato, NI, Antônio de Almeida "Toniquinho", e Leopoldo de Castro. Em pé à direita: Isaltir de Carvalho, NI, Zequinha e Senô Nascimento.

hoje não têm melodia, são folia. Não desprezamos, existem conjuntos bons, mas a maior parte é levantar, bater palma, música eletrônica. A televisão precisa divulgar o que é música, dar uma força. A televisão só tem coisa que não tem nada a ver com música.

Ele não escondeu o desconforto ao comentar que a sua orquestra, em certas ocasiões, era obrigada a tocar os ritmos e estilos mais difundidos pela mídia: "É um vexame a gente tocar isso aí". Alguns ritmos, entretanto, Leopoldo se recusa a tocar ou mesmo escutar: "Esse negócio de *funk* eu não posso nem ouvir!". Também lamentou a escassez de músicos: "Muitos músicos se dedicam com afinco. Mas muitos querem começar

Leopoldo e Orquestra Tupá em Campinas em 2012

a tocar em três dias. Todos aprendem teclado, guitarra, menos pistom, trombone de vara, a dificuldade é grande".

Um claro lamento, que está presente nas falas de muitos dos membros das grandes orquestras. Mas seu prazer pela música continuava. Por toda música boa, como aquela que chamava de "caipira legítima": "Quando você acorda com o galo cantando e ouve essas músicas você fica contente".

Com o apoio dos filhos, Leopoldo estava firme na estrada. A mulher sempre o acompanhava. Dedicação de uma vida. Seu último trabalho foi realizado no baile na cidade de Jales em 11 de novembro de 2012. Ele morreria 42 dias depois, na Santa Casa de Misericórdia da querida Tupá. Nós ficamos bem tristes, mas o céu ficou mais animado nas vésperas do Natal daquele ano. O filho Leopoldo e a esposa Carmem decidiram cumprir os compromissos assumidos e continuar com os trabalhos da orquestra.

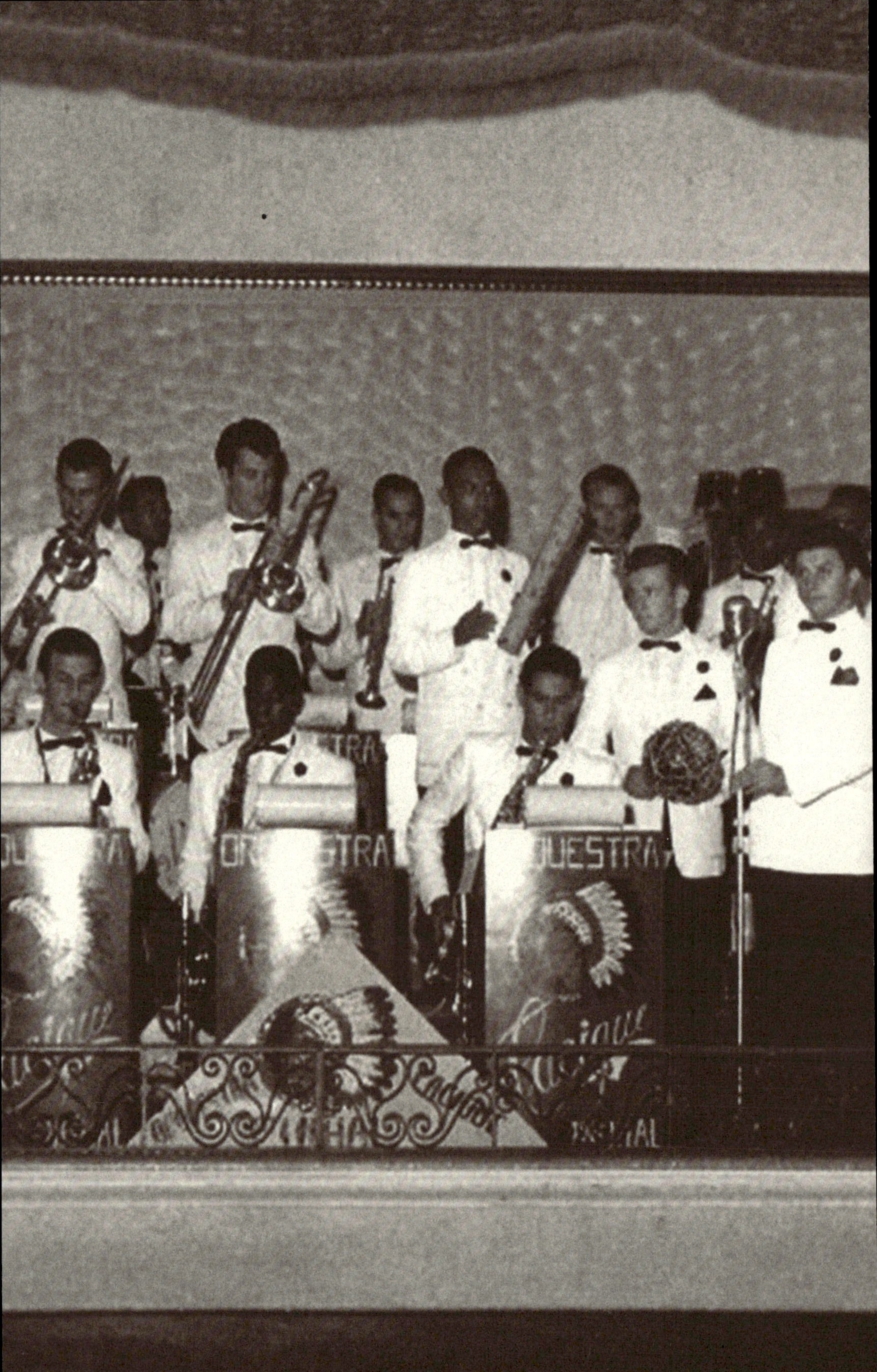
QUESTRA

Para um novo recomeço

Em 18 de agosto de 2008 foi promulgada a Lei Federal nº 11.769, que estipula a obrigatoriedade do ensino de música como parte do currículo da educação básica. A partir dessa data, todas as escolas públicas e particulares teriam três anos letivos para começar a cumprir o que está previsto na lei.

Passados mais de oito anos, o cenário ainda não é uma maravilha. De forma geral, as escolas continuam a se preparar para executar o que está escrito no texto da lei. Os maiores desafios residem na capacitação de professores, na formação continuada e na disponibilização de recursos para equipar todas as escolas. Apenas no estado de São Paulo existem mais de 5.000 escolas públicas estaduais, sem falar nas milhares de escolas municipais e particulares.

O Censo Escolar da Educação Básica de 2007 revelou que existiam 190.052 professores de artes (educação artística, teatro, dança, música, artes plásticas e outras áreas) nos primeiros anos do ensino fundamental. Destes, 10.197 tinham sido formados em belas-artes, artes plásticas ou educação artística. O maior contingente, de 104.323 professores de artes, tinha formação em pedagogia ou ciências da educação.

Nos anos finais do ensino fundamental, existiam 90.454 professores de artes. Destes, 21.101 tinham formação em belas-artes, artes plásticas ou educação artística. De novo, o maior contingente, composto por 21.807 professores de artes, tinha formação em pedagogia ou ciências da educação.

Tais números dão a dimensão do desafio que representa a capacitação específica em artes, sobretudo na área musical, de forma continuada e atualizada, para que seja posto efetivamente em prática o que prevê a legislação. Essa medida foi certamente saudada por todo o segmento da educação artística, e particularmente por todos os que defendem a importância da educação musical na educação básica.

Se for realmente cumprida em termos qualitativos e quantitativos, a nova legislação pode permitir a formação de novas gerações com muito maior contato com a música, aprimorando a sensibilidade musical do brasileiro. Já existem iniciativas sérias em todo país, com professores, formados ou não em música, se dedicando de corpo e alma a levar diferentes estilos musicais para a escola fundamental. Com isso os alunos fogem, ao menos por alguns instantes, do massacrante poder da mídia que, de forma geral, privilegia a difusão da música fácil, de pouca elaboração e com uso excessivo de tecnologias, que acaba não refletindo a rica diversidade das raízes musicais brasileiras.

As crianças e os jovens precisam conhecer os múltiplos aspectos da arte musical. Apenas tendo acesso a informações sobre o amplo leque de estilos, de formas de fazer música, sobre os gêneros e as particularidades regionais – dotados de consciência e espírito crítico, com um mínimo senso estético – eles poderão escolher de forma livre, autônoma, aquilo de que realmente gostam e com o que se identificam.

É nesse sentido que a Lei Federal nº 11.769 desperta expectativas muito positivas nos amantes da boa música. É provável que a lei e sua aplicação não resultem na retomada das grandes orquestras como as conhecemos. No entanto, uma nova e melhor formação musical de base contribuirá para qualificar as novas gerações em sua sensibilidade musical, levando a novos tempos na música consumida. As novas tecnologias de comunicação e informação estão democratizando, hoje, um acervo que antes era disponível para poucos. Vídeos e áudios de música clássica, de *jazz* e de outros estilos de alta qualidade estão disponíveis a todo momento nas mídias sociais.

Grupos e artistas brasileiros que gostam da música de qualidade, e que cultivam a legítima música de raiz, também têm um potencial maior de divulgação de seus trabalhos, em função das mesmas novas tecnologias. Mas tudo isso será potencializado, transformado em maior consumo de música de qualidade se houver uma educação musical ampla, democrática e bem feita. Então, nestes termos, a Lei Federal nº 11.769 representa uma esperança.

A paixão continua

Enquanto a lei não é aplicada como se deve, os músicos de qualidade continuam seu belo trabalho, de uma forma ou de outra. Tal é o caso dos músicos que pertenceram ou ainda pertencem às *big bands* paulistas. Muitos deles, inclusive os maestros, continuam fazendo suas apresentações mantendo a chama acesa, a paixão renovada.

Clécio Fortuna, da Orquestra Mantovani, de Assis, continua tocando com Roberto Carlos. Com seu sax poderoso, o músico está com o "rei" desde 1968, quando retornou da Alemanha, onde morou por algum tempo. Ele passou a fazer parte da RC7, a banda que atuava com Roberto na oportunidade. Clécio tocava sax-barítono, migrando em seguida para sax-tenor e finalmente para o sax-alto, com o qual alcançou um festejado nível de excelência.

O maestro Laércio Piovesan formou um grupo depois que se encerraram as atividades de sua orquestra em Franca. Com o grupo Nosso Som, ele se apresentou ultimamente às terças-feiras em um bar francano, para deleite dos apreciadores da boa música e, em particular, dos nostálgicos que dançaram e viveram os anos mágicos da orquestra. Ao seu lado, claro, estavam o irmão Miroel, com o saxofone importado e a flauta mágica, além de músicos como Marcos Prado na guitarra, Eduardo Machado no baixo, Raul Barros na bateria, Erlindo Morato no sax e flauta e Pedro Marcussi no piano.

Do mesmo modo, Luiz Carlos Ribeiro passou a ser titular do piano do Automóvel Clube de São José do Rio Preto, após ficar um período sem tocar com o encerramento de sua orquestra. "A gente não deixa de ser músico, nunca", proclama o grande pianista.

Músicos que circularam pelas orquestras que fizeram história no interior paulista formaram ou passaram a integrar novos grupos. É o caso dos integrantes do Grupo Centopeia, de Jaboticabal. Cinco dos oito integrantes do grupo tocaram na Arley, de Catanduva, e na própria Orquestra Sul América, de Jaboticabal.

Cidades que celebram a beleza da música

As cidades que viram crescer essas grandes orquestras continuam celebrando a música e formando novas gerações de apreciadores. Em Jaú funciona a Escola Musical de Música Heitor Azzi. Muitos de seus formados participam em algum momento da mais que centenária Banda Carlos Gomes, de tantas apresentações em coretos. Também funciona em Jaú a Orquestra Municipal Continental.

Em Jaboticabal, continua muito ativa a Corporação Musical Gomes e Puccini, que teve o seu centenário muito saudado em 2012. Foi essa a instituição que praticamente batizou a Sul América, lá em 1942. Ainda em Jaboticabal funciona a Escola de Arte Professor Francisco Berlingieri Marino, que forma músicos e profissionais de outras áreas.

Em Tupã, continua em plena atividade a Banda Municipal Maestro Júlio de Castro, homenagem ao músico cujos filhos fundaram e conduziram por décadas as orquestras que projetaram a cidade. A banda passou alguns anos parada, após a morte do maestro Júlio de Castro, mas foi reativada nos anos 1970. O nome do maestro foi dado oficialmente à orquestra em 2004.

O Conservatório Artístico Musical Pedro Salla também forma músicos em Guararapes. O nome é uma homenagem ao famoso maestro da orquestra Pedrinho de Guararapes. Em Rio Claro existe uma Orquestra Municipal. Pinhal tem ativa a *big band* Cardeal Leme.

Outro centro formador de músicos é o Conservatório Dramático e Musical Dr. Carlos de Campos, de Tatuí. Ligado à Secretaria de Estado da Cultura de São Paulo, são seis décadas preparando músicos, mas também *luthiers*, técnicos de áreas afins às artes cênicas e atores. Além disso, o Conservatório de Tatuí promove reciclagem nas áreas de Educação Musical e Educação Teatral. Vários grupos de caráter pedagógico, como bandas, orquestras e conjuntos de música de câmara, são vinculados ao Conservatório como parte do esforço de promoção e propagação da boa música.

Em 2006, o Conservatório inaugurou um polo em São José do Rio Pardo, a cidade natal do maestro Laércio Piovesan, radicado em Franca. Dois nomes inspiradores para a criação da escola são os do violinista Otávio "Bimbo" de Azevedo e do violoncelista João Del Fiol, que integravam *jazz bands* da região de Tatuí.

O Conservatório de Tatuí, as escolas de música por todo o interior, a Lei Federal nº 11.769, a difusão em escala inédita de música erudita e de grupos e profissionais de alta qualidade pelas redes sociais são alguns dos motivos para a esperança de novos tempos para a música no Brasil.

Quando esses novos tempos chegarem, os enormes serviços prestados pelas *big bands* paulistas, que tornaram o país mais feliz, serão devidamente reconhecidos.

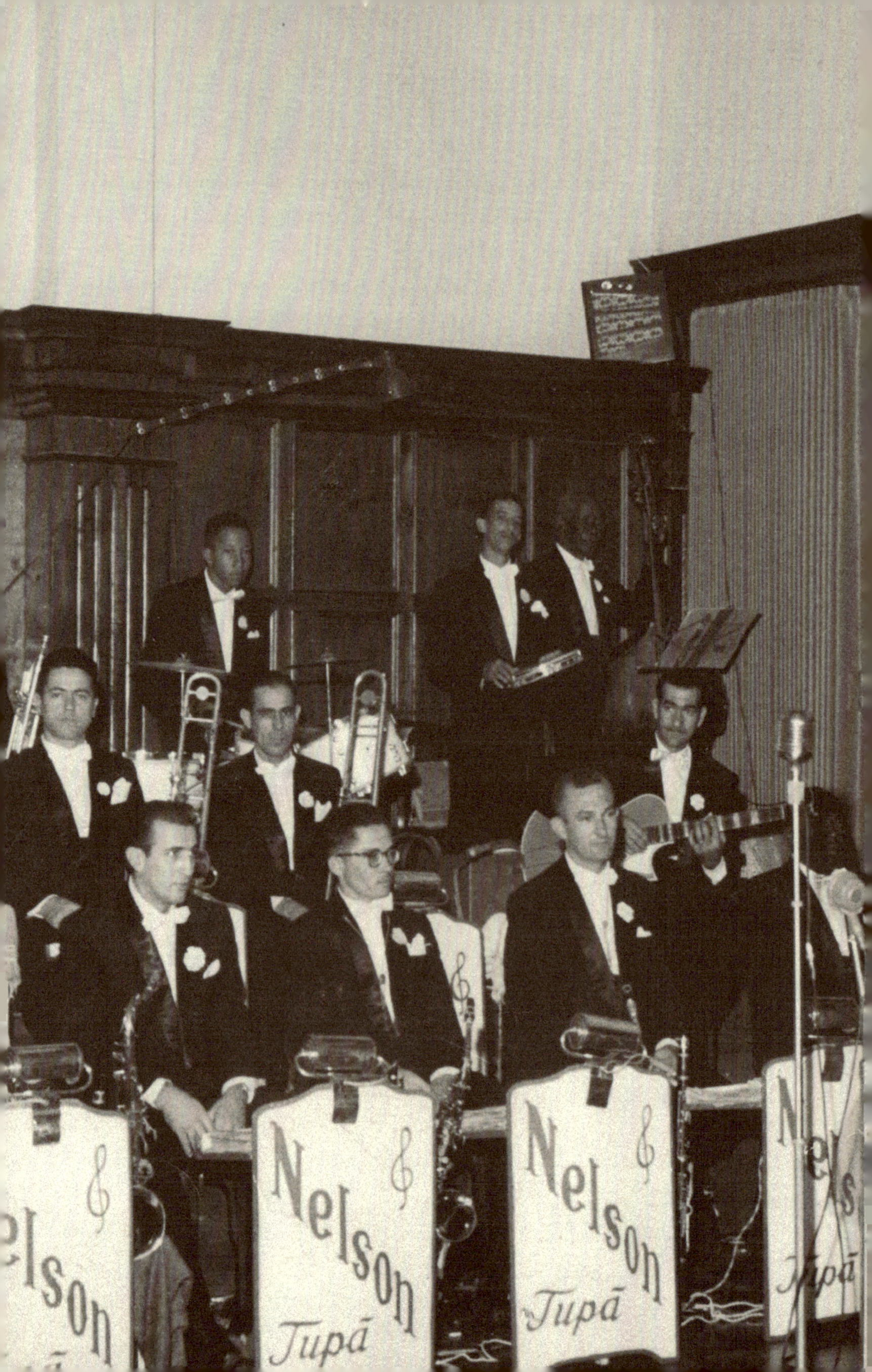

Nelson
Tupã
Nelson
Tupã

As orquestras de baile
e sua época

Sérgio Estephan[1]

O maestro Aristides Zacarias nasceu na cidade de Jaboticabal, no interior de São Paulo. Aos dois anos de idade ele se mudou com a família para São José do Rio Preto, onde aprendeu música e clarineta com o mestre de banda Pedro Moura, pai do instrumentista Paulo Moura (1932-2010). Aos 18 anos, Aristides tocava em cinemas e em bandas do interior. Em 1935, já na capital paulista, foi convidado a integrar as orquestras da Rádio Cosmos e Difusora; já em 1937, ingressou na orquestra da Rádio Nacional do Rio de Janeiro, participando também da orquestra para bailes All Stars, dirigida por Radamés Gnatalli.

Em 1939, o maestro viajou para os Estados Unidos com a orquestra de Romeu Silva, contratada para tocar no pavilhão do Brasil na Feira Internacional. Atuou ainda nos cassinos da Urca, de Icaraí (Niterói) e de Farroupilha (Rio Grande do Sul). Em 1960, estreou como diretor da orquestra da TV Excelsior até o fechamento da emissora. Aristides gravou cerca de duzentos discos[2].

Este breve resumo da trajetória do maestro Zacarias aponta para dois aspectos significativos: o primeiro é a relevância da pesquisa sobre as *big bands* paulistas, desenvolvida por José Ildefonso Martins e José Pedro Soares Martins, já que, dos inúmeros instrumentistas, maestros e compositores que atuaram nas orquestras de baile do interior de São Paulo, apenas o maestro Zacarias e José Ferreira Godinho Filho, o Casé, estão

---

[1] Professor, doutor em história pela PUC-SP e pós-doutor em história e música pelo Instituto de Artes da Unesp.
[2] *Enciclopédia da música brasileira*, São Paulo: Art Editora / Publifolha, 2000, p. 841.

incluídos na *Enciclopédia da música brasileira*, publicação de referência sobre nossa música.

Por sinal, a carreira de Aristides Zacarias se assemelha muito à do saxofonista Casé, que trabalhou em circos de São Paulo, tendo sido convidado em 1946 pelo maestro Francisco Dorse para trabalhar em sua orquestra na Rádio Tupi de São Paulo, onde permaneceu por quatro anos. Em 1950, Casé passou a integrar o conjunto de Betinho na Rádio Excelsior e iniciou estudos de harmonia com o maestro Hans Joachim Koellreutter. Ele gravou com Dick Farney e integrou a orquestra de Silvio Mazzuca entre 1958 e 1961, quando formou Casé e seu Conjunto, com Amilton e Adylson Godoi, entre outros músicos[3], atuando ainda na Orquestra Sul América de Jaboticabal, na Leopoldo de Tupã e na orquestra de Renato Perez de São José do Rio Preto.

O segundo aspecto é o contexto histórico e social que marcou a carreira do maestro Zacarias e de grande parte dos músicos de orquestras de baile: era comum que esses profissionais atuassem em circos, teatros de revista, cinemas e bandas de música, passando pelo rádio, a partir do final da década de 1920, até a implantação e consolidação da TV no Brasil, ocorrida em meados dos anos 1950. Todos esses são aspectos que discutiremos a seguir.

Do choro à Era do Rádio

A consolidação do rádio como veículo de comunicação de massa, com a chamada Era do Rádio nos anos de 1930, gerou uma mudança importante na forma como a música era veiculada ao público. Até aquele momento, a música era transmitida de forma direta, ao vivo, em teatros, cinemas, circos, cassinos, salões de bailes, bares, cafés e casas de

---

[3] *Enciclopédia da música brasileira, op. cit.*, p. 176.

partituras. Por sinal, a partitura era uma das poucas formas de comunicação indireta, ao lado do disco e do rádio, ainda incipientes como veículos de comunicação[4].

Outro aspecto a ser ressaltado em relação ao período anterior à Era do Rádio diz respeito à música dos chorões[5]. Esta prática musical esteve ligada aos festivais ou espetáculos de variedades, caracterizados pela presença da música em conjunto com outras manifestações artísticas, como o teatro, o circo e posteriormente o cinema, além da literatura, embora com menor frequência. Como exemplo, podemos mencionar a apresentação do violonista Américo Jacomino, o Canhoto (1889-1928), em março de 1917 no Teatro Boa Vista. Ali, Jacomino participou de um espetáculo que, em sua primeira parte, representava a comédia *O inviolável* de Hennequin. O nome de Américo Jacomino figurava na segunda parte do mesmo programa. Em março de 1920, foi a vez de os Oito Batutas encerrarem um ato de variedades com um concerto no palco do Teatro Boa Vista, por ocasião da representação da burleta *Nhá moça*.

Não foi diferente o que ocorreu com os músicos que atuavam em orquestras de baile, como os já citados Casé e o maestro Zacarias, e com orquestras como a Bico Doce de Jaú, formada pelos irmãos Amélio e Plácido Antônio Capelozza em 1942 (e precursora da Orquestra Continental comandada por Waldomiro de Oliveira a partir dos anos de 1950), com o intuito de fornecer trilha sonora para os filmes do cinema mudo. Também foi este o caso de Leopoldo de Arruda Castro, que se apresentava com sua orquestra de Tupã em cinemas e bailes.

Uma das mais conhecidas composições do pianista e compositor Ernesto Nazaré (1863-1934), "Odeon", foi escrita em homenagem ao

---

[4] Alberto T. Ikeda, *Música na cidade em tempo de transformação. São Paulo: 1900-1930*. Dissertação (Mestrado em Artes) – USP, São Paulo, 1988, p. 98.

[5] Como característica do choro, podemos mencionar o improviso, ou desafios musicais (aspecto este exemplificado nas composições, "Não caio n'outra" e "Apanhai-te cavaquinho", de Ernesto Nazaré, entre outras), além da que se convencionou chamar baixaria ou baixo melódico.

Cinema Odeon, em que Nazaré trabalhou entre 1920 e 1924[6]. Sérgio Cabral observa que a calçada do cinema era ocupada por uma pequena multidão fascinada pela música e pela interpretação de Ernesto Nazaré, da mesma forma que Pixinguinha, que tocou por longo tempo no cinema Palais com seu conjunto Os Oito Batutas, além de Ary Barroso, que quando jovem tocava piano no Cinema Íris[7], e também o maestro e compositor Heitor Villa-Lobos, que tocava violoncelo nas orquestras dos teatros e cinemas cariocas[8]. Villa-Lobos, inclusive, chegou a se apresentar no Cine Theatro São José ao lado de sua mulher, a pianista Lucila Souza Lima, e da cantora Anita Gonçalves de Souza. Essa exibição fez parte do movimento do canto orfeônico, idealizado e dirigido pelo maestro carioca.

Outro aspecto relevante da música brasileira anterior à Era do Rádio diz respeito à arrecadação e distribuição do direito autoral, fato que exigia do compositor sua inscrição na Sociedade Brasileira de Autores Teatrais, a SBAT, fundada em setembro de 1917 no Rio de Janeiro. Portanto, e este é o ponto que queremos ressaltar, o direito autoral no Brasil surgiu atrelado ao teatro, o chamado "grande direito", enquanto a música era considerada o "pequeno direito", já que o teatro era o responsável pelas maiores arrecadações, enquanto o rádio pagava de forma inconstante e os bares, cabarés e boates registravam arrecadação praticamente nula[9].

O exemplo da maestrina Chiquinha Gonzaga é significativo uma vez que sua música era produzida e veiculada em espetáculos populares para o teatro, que por sua vez foi o lugar em que predominaram os sucessos musicais até o surgimento do rádio[10]. E foi justamente o teatro de revista

---

[6] Ary Vasconcelos, *Panorama da música na Belle Époque*, Rio de Janeiro: Livraria Sant'Anna, p. 85.
[7] Sérgio Cabral, *A MPB na Era do Rádio*, São Paulo: Moderna, 1996, p. 31.
[8] Vasco Mariz, *Heitor Villa-Lobos*, Belo Horizonte: Itatiaia, 1989, p. 50.
[9] Sérgio Cabral, *A MPB na Era do Rádio, op. cit.*, p. 31. O mesmo autor observa que as gravadoras "reservavam uma reduzida taxa de venda de cada disco para pagamento aos cantores e compositores".
[10] Edinha Diniz, *Chiquinha Gonzaga: uma história de vida*, Rio de Janeiro: Rosa dos Tempos, 1991, p. 221.

que projetou a primeira grande cantora popular do Brasil[11], a carioca Araci Cortes (1904-1985), responsável direta por lançar ao conhecimento do público diversos compositores em revistas da praça Tiradentes, entre os quais Ary Barroso e Benedito Lacerda[12].

Por fim, cabe ressaltar que foi justamente esse cenário que fez com que a diferenciação entre música popular e erudita ocorresse no Brasil apenas a partir de 1930[13]. Foi nessa década que as formas de divulgação da música se desenvolveram substancialmente, sobretudo o rádio, o cinema e o disco, sendo que o mais apropriado para a caracterização da produção musical das três primeiras décadas do século XX é diferenciá-la entre rural e urbana[14].

A Era do Rádio no Brasil

Se a música brasileira das três primeiras décadas do século XX foi marcada por sua ligação com outras manifestações artísticas, a partir dos anos de 1930 o rádio passou a ocupar uma posição central em sua produção e divulgação, até a consolidação da TV no Brasil, no início dos anos de 1960.

E não foi diferente com os músicos das *big bands* paulistas, seja em relação às emissoras locais, como a Pinhal Rádio Clube e a Rádio PRB de Rio Preto, seja em relação às rádios do Rio de Janeiro e de São Paulo. Estas receberam figuras como Waldomiro de Oliveira, que, quando dirigia a Orquestra Continental de Jaú, apresentou-se nas rádios Nacional do Rio de Janeiro e Mayrink Veiga, além do maestro Manoel Laercio

---

[11] Jairo Severiano e Zuza Homem de Mello, *A canção no tempo: 85 anos de músicas brasileiras – vol. 1: 1901-1957*, São Paulo: Editora 34, 1997, p. 51.

[12] *Enciclopédia da Música Brasileira*, op. cit., p. 215.

[13] *A arte do violão: Américo Jacomino*. Programa apresentado pelo violonista Fábio Zanon na Rádio Cultura FM de São Paulo, em 10 maio 2006.

[14] *A arte do violão: Américo Jacomino*. Programa citado.

Piovesan, que aos 11 anos se apresentou no programa de calouros Hora do Pato, comandado por Jorge Curi na Rádio Nacional do Rio de Janeiro e na Rádio Cultura de São Paulo.

Cabe ressaltar que a história do rádio no Brasil se caracterizou, em seu momento inicial, por seu caráter experimental, paralelamente à sua ligação com o Estado. Não por acaso, o ponto de partida da radiofonia brasileira ocorreu por conta da Exposição do Centenário da Independência do Brasil, em 7 de setembro de 1922 no Rio de Janeiro. Os visitantes daquele evento puderam ouvir o discurso do presidente Epitácio Pessoa e óperas do Teatro Municipal e do Teatro Lírico, irradiados a partir de 80 receptores que foram posicionados em lugares públicos de São Paulo, Niterói e Petrópolis. Mas somente em 20 de abril de 1923 surgiu a Rádio Sociedade, primeira emissora brasileira de rádio, pertencente ao escritor e antropólogo Edgar Roquette-Pinto e ao cientista Henrique Morize. No ano seguinte seguiu-se a fundação da Rádio Club do Brasil[15].

Contudo, antes da inauguração da Rádio Club do Rio de Janeiro, surgiu em São Paulo a Rádio Educadora Paulista, inaugurada em 30 de novembro de 1923 e transferida em 1924 para o Palácio das Indústrias, passando a ocupar salas cedidas pelo Governo do Estado[16].

Em junho de 1924, ainda em São Paulo, surgiu a Rádio Club de São Paulo, enquanto em novembro de 1926 ocorreu a primeira irradiação em cadeia, a partir da Rádio Club carioca, de um concerto em homenagem ao novo presidente da República, Washington Luís, em audição captada em São Paulo pela Rádio Educadora Paulista[17].

Observamos ainda que os músicos e compositores populares se envolveram firmemente na eleição presidencial de 1930. Júlio Prestes, na fase de preparação de sua candidatura à Presidência da República, incorporou a música à sua atividade política, por meio de composições como

---

[15] Sérgio Cabral, *A MPB na Era do Rádio*, op. cit., p. 9.
[16] Antônio Pedro Tota. *A locomotiva no ar: rádio e modernidade em São Paulo: 1924-1934*, São Paulo: Secretaria de Estado da Cultura/PW, 1990, p. 41.
[17] Sérgio Cabral, *A MPB na Era do Rádio*, op. cit., p. 15.

o rancho carnavalesco "Harmonia, harmonia", de Heckel Tavares com versos de Luís Peixoto[18], além da atuação de Sinhô, que compôs "Eu ouço falar" quando do lançamento de sua candidatura em pleno palco do Teatro Municipal[19].

Se o rádio brasileiro da década de 1920 teve um caráter experimental, a década seguinte foi marcada pelo surgimento de um rádio comercial, mas que ainda mantinha vínculos com o Estado. E foram justamente dois decretos assinados por Getúlio Vargas, então chefe do governo provisório que assumiu o poder em 1930, que marcaram o surgimento do rádio comercial no Brasil. O primeiro, de maio de 1931, criou

> uma Comissão Técnica de Rádio (cujos integrantes seriam nomeados pela Presidência da República), abrindo caminho para a formação de uma rede nacional sob o controle do Ministério da Educação e Saúde e garantindo ao governo a exclusividade na autorização para particulares criarem novas emissoras. As concessões seriam feitas a título precário, podendo ser cassadas a qualquer momento[20].

O segundo, assinado em março de 1932, autorizou as emissoras a fazerem propaganda de produtos comerciais[21]. E foi com a contratação de diversos músicos e compositores, tais como Noel Rosa, Haroldo Barbosa e Antônio Nássara, dentre outros, que nasceu, em fevereiro de 1932, o *Programa do Casé*, na Rádio Philips, fundada em 1931 com o intuito de

---

[18] Vale ressaltar um trecho da letra bem-humorada desse rancho: "Harmonia – harmonia! / Chamem o Getúlio / Que é um banho de água fria/ Enquanto isso seu Getúlio já escrevia / Tudo às avessas, Virgem Maria! / Escrita em turco aquela carta parecia / Nas entrelinhas é que se lia: Harmonia – harmonia / Quero o Catete/ Mas fingi que não queria". Segundo a mesma fonte, os mesmos autores compuseram ainda a marcha "Comendo bola" também de cunho político (Célio Debes, *Júlio Prestes e a Primeira República*, São Paulo: Imprensa Oficial, Arquivo do Estado, 1982, p. 88).
[19] Célio Debes, *Júlio Prestes e a Primeira República*, op. cit., p. 89.
[20] Sérgio Cabral, *A MPB na Era do Rádio*, op. cit., p. 35.
[21] *Ibidem*, p. 34.

divulgar os produtos Philips. Essa rádio proporcionou aos artistas contratos rentáveis, além de atrair grande audiência e o interesse de diversos anunciantes[22].

Enquanto isso, cabe destacar a atuação em São Paulo da Rádio Record, comprada por Paulo Machado de Carvalho e Álvaro Liberato de Macedo e que funcionava no centro da cidade, no prédio da esquina da avenida São João com a rua Líbero Badaró, e que, até então, não conseguia enfrentar sua concorrente, a Rádio Educadora Paulista[23].

No início dos anos de 1930, a Record estava se tornando "empresarial", projeto este que só se consolidou quando a rádio se tornou "porta-voz do movimento constitucionalista de 1932"[24]. Um fato curioso ocorrido durante o período de vigência do movimento foi a presença de policiais da censura nos estúdios da Rádio Philips, do Rio de Janeiro, para vigiar quaisquer improvisos que Noel Rosa e Marília Batista poderiam fazer sobre o samba "De babado", de Noel Rosa e João Mina, no Programa do Casé, e impedir a emissão de sinais para os manifestantes de São Paulo[25].

E foi o locutor paulista César Ladeira, da Record de São Paulo, que encantou os cariocas durante o movimento constitucionalista de 1932. Ele foi um dos primeiros a introduzir mudanças à maneira como até então se fazia rádio. Além disso, Ladeira foi o profissional mais bem informado sobre o funcionamento do rádio nos Estados Unidos, o mesmo profissional que, ao se transferir para a Rádio Mayrink Veiga, do Rio de Janeiro, também revolucionou o rádio carioca[26].

Em São Paulo, por sua vez, a Kosmos foi uma das primeiras emissoras a incorporar o novo estilo radiofônico. Inaugurada em outubro de 1934, na praça Marechal Deodoro, seu auditório ficava situado em um salão amplo

---

[22] Renato Murce *apud* Sérgio Cabral, *A MPB na Era do Rádio*, op. cit., p. 35.

[23] José Ramos Tinhorão, *Música popular: do gramofone ao rádio e TV*. São Paulo: Ática, 1981, p. 46.

[24] Antônio Pedro Tota. *A locomotiva no ar: rádio e modernidade em São Paulo: 1924-1934*, op. cit., p. 83.

[25] Sérgio Cabral, *A MPB na Era do Rádio*, op. cit., p. 38.

[26] José Ramos Tinhorão, *Música popular: do gramofone ao rádio e TV*, op. cit., p. 46.

e desprovido de colunas, dividido ao meio por uma lona. Ali ficavam cerca de cinquenta mesas com quatro poltronas cada uma. O auditório contava, ainda, com um par de estúdios e uma tela para exibições de filmes, grandiosidade seguida por outra emissora paulista, a Rádio Cultura, PRE-4, inaugurada em 1939 e localizada na avenida São João, 1285[27].

E foi justamente na Rádio Kosmos, que contava com os talentos de Ary Barroso e Luis Peixoto, entre outubro de 1935 e março de 1936, que se consolidou uma das fórmulas de maior sucesso do rádio brasileiro: o programa de calouros. A partir da experiência paulistana, tais programas foram também levados para o Rio de Janeiro[28].

A Rádio Nacional do Rio de Janeiro

A Rádio Nacional do Rio de Janeiro pode ser considerada a mais importante emissora do Brasil, pelo fato de abrigar em seus quadros os principais artistas da época, paralelamente ao fato de ter se tornado uma emissora pública desde março de 1940, quando foi estatizada pelo governo Vargas.

Sua história nos remete às eleições presidenciais de 1930, quando Júlio Prestes conseguiu o importante apoio do jornal *A Noite*, na época o mais influente órgão de mídia da então capital do país, com o apoio de seu diretor-presidente Geraldo Rocha, responsável também por gerir a fase de expansão do jornal, que passou a contar com as revistas *A Noite Ilustrada*, *Carioca* e *Vamos Ler*, além de uma nova sede construída na praça Mauá, um arranha-céu de 22 andares[29].

---

[27] *Ibidem*, p. 53.
[28] José Geraldo Vince Moraes, *Metrópole em sinfonia: história, cultura e música popular na São Paulo dos anos 30*. São Paulo: Estação Liberdade, 2000, p. 80. Ainda segundo o mesmo autor, os programas de calouros surgiram na Rádio Cruzeiro do Sul, de São Paulo, em 1933, "inspirada nos modelos norte-americanos".
[29] Luiz Carlos Saroldi e Sônia Moreira, *Rádio Nacional: o Brasil em sintonia*. Rio de Janeiro: Jorge Zahar, 2005, p. 30.

Porém, o custo financeiro com a aquisição do terreno e a construção do edifício exigiriam complexas operações de crédito, fato que levou a empresa a ser encampada

> pela Companhia Estrada de Ferro São Paulo – Rio Grande, mais conhecida como Brazil Railway Company [...], um dos tentáculos da onipresença no Brasil do capitalista norte-americano Percival Farquhar, responsável por empreendimentos tão diversos quanto a construção da estrada de ferro Madeira Mamoré, as concessões de gás, luz e telefones do Rio de Janeiro, ou a exploração do minério de ferro de Itabirá[30].

Foi justamente nesse momento, sob a orientação da Companhia Estrada de Ferro São Paulo – Rio Grande, que o jornal *A Noite* passou a se envolver com o rádio, constituindo, em maio de 1933, a Sociedade Civil Brasileira Rádio Nacional, cujos estatutos passaram a incorporar novas e importantes decisões em maio de 1936[31].

Inaugurada em 1936 com dois pequenos estúdios em um edifício na praça Mauá, a emissora contava com um auditório de 496 lugares quando foi encampada pelo governo federal em março de 1940. Com ela, foram adquiridos dois jornais, *A Manhã* e *A Noite*, a revista *Carioca*, a Rio Editora, a Companhia Estrada de Ferro São Paulo – Rio Grande e milhares de alqueires de terra no Paraná e em Santa Catarina"[32].

Em seguida, foi nomeado como superintendente das empresas incorporadas o coronel Luiz Carlos da Costa Netto, enquanto quem assumiu a direção da rádio foi o jornalista e promotor do Tribunal de Segurança Nacional Gilberto Goulart de Andrade[33]. No início dos anos 1940, a líder de audiência do rádio carioca era a emissora Mayrink Veiga, "centra-

---

[30] *Ibidem*, p. 32.
[31] *Ibidem*, p. 32.
[32] Sérgio Cabral, *A MPB na Era do Rádio*, op. cit., p. 82.
[33] Luiz Carlos Saroldi e Sônia Moreira, *Rádio Nacional: o Brasil em sintonia*, op. cit., p. 55.

da principalmente no carisma de César Ladeira, nos talentos de Carmen Miranda e do Bando da Lua, no fino humor de Barbosa Júnior e seu programa *Picolino*"[34].

Segundo seu novo diretor, a Rádio Nacional tinha como meta conquistar os ouvintes não só do Brasil, mas de todo o mundo[35]. Para Gilberto Andrade, a voz do Brasil falaria ao mundo[36]. Para tanto, foi instalada uma estação de ondas curtas com cinquenta quilowatts de potência e com cinco antenas RCA Victor (duas dirigidas para os Estados Unidos, duas para a Europa e uma para a Ásia, fazendo da Nacional "uma das cinco emissoras de rádio mais potentes do mundo, transmitindo programas em quatro idiomas, todos orientados pelo Departamento de Imprensa e Propaganda"[37].

E foi na Rádio Nacional que atuaram os principais nomes do radio brasileiro. Entre eles estão Almirante, José Mauro, Haroldo Barbosa, Floriano Faissal, Paulo Roberto, Paulo Tapajós[38]. Houve, ainda, uma significativa ampliação e um grande aperfeiçoamento das instalações da rádio: seus sete estúdios eram dotados de um piso que se apoiava em molas especiais do palco sinfônico, como forma de evitar vibrações indesejadas[39].

Um dos mais marcantes programas da Nacional foi o *Um milhão de melodias*, que surgiu em 6 de janeiro de 1943, patrocinado pela Coca-Cola. O programa contribuiu de forma decisiva para alavancar o refrigerante no Brasil, contando com os talentos de José Mauro, Haroldo Barbosa e Radamés Gnattali. Este último era encarregado de escrever os arranjos semanais e, além disso, os regia e eventualmente tocava piano. Além disso, Gnattali foi o responsável pela criação da Orquestra Brasileira, grande conjunto formado pelos violões de Garoto e Bola 7, o

---

[34] *Ibidem*, p. 56.
[35] Sérgio Cabral, *A MPB na Era do Rádio*, op. cit., p. 82.
[36] Gilberto Andrade *apud* Sérgio Cabral, *A MPB na Era do Rádio*, op. cit., p. 83.
[37] Sérgio Cabral, *A MPB na Era do Rádio*, op. cit., p. 82.
[38] *Ibidem*, p. 82.
[39] Luiz Carlos Saroldi e Sônia Moreira, *Rádio Nacional: o Brasil em sintonia*, op. cit., p. 70.

cavaquinho de José Menezes, além de cinco saxofones, três pistões, dois trombones, três flautas, oboé, fagote, clarinete e até uma harpa (Elza Guarnieri), além do naipe de violinos e violoncelo[40].

Uma passagem que aponta para a grande criatividade de Radamés Gnattali ocorreu por conta de um arranjo para dez caixas de fósforo feito para o samba "Exaltação a São Paulo", de 1954, dentro do programa *Um milhão de melodias*. Segundo depoimento do compositor Elton Medeiros,

> no dia marcado para o ensaio e apresentação fomos os dez compositores da Escola de Samba Aprendizes de Lucas para ensaiar o coro. Qual não foi nossa surpresa ao constatarmos que o arranjo era para dez caixas de fósforo? O Radamés tinha feito esse arranjo para acompanhar com a orquestra de 60 músicos da Rádio Nacional e o solo de Jorge Goulart [...]. Ainda existe uma gravação do arranjo: quem tem é o Paulo Tapajós[41].

Outro momento grandioso do rádio brasileiro ocorreu em São Paulo com a inauguração da Rádio Gazeta, PRA6, em 14 de março de 1943. O evento contou com a presença de diversas autoridades, dentre elas os ministros Oswaldo Aranha, do Exterior, e Souza Costa, da Fazenda, além dos embaixadores Jefferson Carey, dos Estados Unidos, e Noel Charles, do Reino Unido, e de Cândido Mota Filho, então diretor do Departamento Estadual de Imprensa e Propaganda. Tais autoridades revelam o prestígio de Cásper Líbero ao final do primeiro governo Vargas[42].

A parte musical foi comandada pelo maestro Souza Lima – primeiro diretor artístico da Gazeta e regente da Orquestra Sinfônica da Rádio Gazeta[43] – e contou com a abertura da ópera *Oberon*, de Carl Maria Von

---

[40] *Ibidem*, p. 62.

[41] *Ibidem*, p. 142.

[42] Irineu Guerrini Jr., *A elite no ar: óperas concertos e sinfonias na rádio Gazeta de São Paulo*. São Paulo: Terceira Margem, p. 40.

[43] Souza Lima, *Moto perpétuo: a visão poética da vida através da música: autobiografia do maestro Souza Lima*. São Paulo: IBRASA, 1982, p. 183.

Weber, além "do *Concerto nº5 para piano e orquestra*, de Beethoven, com o solista Henry Jollés"[44], dentre outros.

Por sinal, antes de se transferir para a Rádio Gazeta, Souza Lima foi diretor artístico da Rádio Tupi de São Paulo. Inaugurada em 1937, a Tupi da capital paulista era a rádio mais potente da América Latina e mantinha três estúdios e um auditório de grande porte[45].

Da Era do *Jazz* às *big bands*

Segundo o escritor F. Scott Fitzgerald, os anos 1920 podem ser considerados a Era do *Jazz*, expressão que possui um significado "para muito além do *jazz* como forma musical originária de New Orleans, de forma a designar, com considerável abrangência, uma atitude febril, na qual sobravam dinheiro e divertimento"[46]. Para o escritor norte-americano, a palavra *jazz* "está associada a um estado de estimulação nervosa, não diferente daquele das grandes cidades por trás das linhas da guerra"[47].

Não por acaso. Os horrores da Primeira Guerra Mundial ainda estavam muito presentes no imaginário coletivo, já que o volume de "forças e recursos posto em movimento pelo esforço da guerra, compondo vínculos precisamente encadeados entre os lares, as indústrias, a administração central, os meios de transporte e comunicação e a frente de batalha, é que deu substância ao novo conceito de guerra total"[48]. Além de um sentimento de horror e impotência, a humanidade sofreu

---

[44] Irineu Guerrini Jr., *A elite no ar: óperas concertos e sinfonias na rádio Gazeta de São Paulo*, op. cit., p. 39.

[45] Fernando Moraes, *Chatô: o rei do Brasil*. São Paulo: Companhia das Letras, 1994, p. 364.

[46] Zuza Homem de Mello, *Música nas veias: memórias e ensaios*. São Paulo: Editora 34, 2007, p. 72.

[47] *Apud* Nicolau Sevcenko, *Orfeu extático na metrópole. São Paulo, sociedade e cultura nos frementes anos 20*. São Paulo: Companhia das Letras, 1992, p. 181.

[48] Nicolau Sevcenko, *Orfeu extático na metrópole. São Paulo, sociedade e cultura nos frementes anos 20*, op. cit., p. 45.

25 milhões de mortes entre 1914 a 1923, devido à guerra e a outros eventos ligados a ela[49].

Desse contexto e "depois de tantos tormentos, era imperativo que o futuro fosse brilhante"[50]. A partir de então, nasceu um espírito novo, que logo se tornaria a grande arte considerada moderna, o movimento chamado de modernismo[51]. E dois elementos surgidos na América do Norte foram "fundamentais para o estabelecimento do crescente setor de lazer dos países do mundo ocidental: o cinema e os salões de dança, com predomínio, "na música dançante do Brasil [...], de ritmos americanos sobre os de ascendência europeia"[52].

A formação musical típica desse momento histórico foram as *jazz bands*, "expressão que sintetizava a música dançante dos anos 1920", paralelamente ao surgimento de outros ritmos como o *one-step* e o *foxtrot*, e, também, de passos de dança mais elaborados como o *charleston* e o *shimmy*[53]. Foi o que ocorreu com o grupo instrumental brasileiro Oito Batutas, inicialmente quando Pixinguinha trocou a flauta pelo saxofone, assim que regressaram de sua excursão à Europa em 1922, e a partir de 1923, sob influência das *jazz bands*, quando o nome do conjunto foi mudado para Bi-Orquestra Os Batutas, tocando sambas, *foxtrots* e marchas carnavalescas para dançar[54].

Cabe ressaltar que o *foxtrot*, trazido principalmente pelo cinema falado[55], foi mais um gênero musical nacionalizado pelo choro, assim como o foram a polca, a valsa e a gavota, entre outros. Dessa forma surgiram, nos anos de 1920, os "primeiros *foxes* brasileiros"[56]. Como exemplo, podemos

---

[49] *Ibidem*, p. 165.
[50] *Ibidem*, p. 24.
[51] *Ibidem*, p. 199.
[52] Zuza Homem de Mello, *Música nas veias: memórias e ensaios*, op. cit., p. 73.
[53] *Ibidem*, p. 76.
[54] *Ibidem*, p. 83.
[55] Jairo Severiano e Zuza Homem de Mello, *A canção no tempo: 85 anos de músicas brasileiras – vol. 1: 1901-1957*, op. cit., p. 99.
[56] *Ibidem*, p. 49.

mencionar os foxes-canção "O Cigano", de Marcelo Tupinambá e João do Sul (Gastão Barroso)[57] e "Nada além", de Custódio Mesquita e Mário Lago, composição que fez parte da revista *Rumo ao Catete*. O título da revista fazia menção a uma eleição presidencial que Getúlio não deixou acontecer e seu elenco contou com a participação de Araci Cortes e Oscarito[58].

Outro importante grupo brasileiro de *jazz band* foi organizado pelo saxofonista carioca Romeu Silva. Após integrar o conjunto do maestro Eduardo Souto, Silva formou sua própria orquestra, a Jazz-Band Sul Americano Romeu Silva, atuando, como boa parte dos músicos de sua geração, em festas e na sala de espera do Cine Palais. Ainda na década de 1920, Romeu Silva contou com a ajuda do ministro do Exterior Félix Pacheco para obter uma verba para excursionar pela Europa[59]. Em 1932, Romeu viajou novamente, desta vez para os Estados Unidos, de onde retornou em 1935 para inaugurar o Cassino Atlântico do Rio de Janeiro[60]. Em 1939, ele retornou aos Estados Unidos para atuar no Pavilhão Brasileiro da Feira Mundial de Nova York, evento que teve um papel significativo no processo de americanização da sociedade brasileira[61].

No ano seguinte, Romeu Silva participou de um festival de música brasileira no Museu de Arte Moderna de Nova York. Em 1940, retornou ao Brasil, quando atuou no Cassino da Urca até seu fechamento em 1946, quando "sua orquestra foi desfeita e ele passou a viver de um emprego no funcionalismo público municipal"[62].

Ao longo de sua trajetória, Romeu Silva foi acompanhado de diversos instrumentistas de destaque, como Luís Americano, no sax-alto e

---

[57] *Ibidem*, p. 66.

[58] *Ibidem*, p. 166. Cabe lembrar que Custódio Mesquita compôs outro foxe-canção, "Mulher" (em parceria com Sadi Cabral), "uma de suas composições mais elaboradas". Considerada "avançada para sua época", ela fez de Custódio Mesquita "um precursor da moderna música brasileira" (*Ibidem*, p.188).

[59] *Enciclopédia da música brasileira, op. cit.*, p. 737.

[60] Zuza Homem de Mello, *Música nas veias: memórias e ensaios, op. cit.*, p. 80.

[61] Antônio Pedro Tota, *O imperialismo sedutor*. São Paulo: Companhia das Letras, 2000, p. 94.

[62] *Enciclopédia da música brasileira, op. cit.*, p. 737.

clarinete; Elpídio Pessoa, depois Vadico, no piano; e Aristides Zacarias no sax, que acabou por constituir sua própria orquestra, conforme ressaltamos anteriormente, assim como Fon-Fon, apelido do saxofonista alagoano Otaviano Romeiro Monteiro (1908-1951)[63]. Além da qualidade dos músicos que atuaram ao seu lado, a trajetória de Romeu Silva chama atenção por um aspecto significativo: o da transição das *big bands* para as orquestras de dança, ocorrida a partir da virada dos anos 1920 para os anos 1930, quando os instrumentos de sopro se tornaram mais presentes, compondo seções que deveriam dialogar entre si. O banjo foi substituído pela guitarra, a tuba pelo contrabaixo acústico e a bateria foi acrescida "de dois pratos horizontais, que se abriam e se fechavam [...], sendo acionados pelo pé esquerdo do baterista", posicionados "sobre um estrado elevado"[64].

Paralelamente ao surgimento das orquestras de baile, ocorreu o processo de americanização do Brasil, principalmente em resposta ao expansionismo alemão, tanto do ponto de vista militar quanto ideológico, expansão esta que "entusiasmou não só o alto escalão do governo Vargas, mas também as populações de origem germânica do Sul do país, que não estavam devidamente integradas à sociedade brasileira"[65].

Vargas foi "hábil o suficiente para, após ter criticado as democracias, manifestar simpatia pela política de solidariedade pan-americana proposta pelo presidente norte-americano Franklin Roosevelt"[66].

Segundo o historiador Boris Fausto,

> apesar da atitude francamente germanófila de alguns de seus expoentes – o caso mais típico é o do então general Dutra –, o governo Vargas nunca apoiou abertamente o nazi-fascismo, seja no plano

---

[63] Zuza Homem de Mello, *Música nas veias: memórias e ensaios, op. cit.*, p. 99.
[64] *Ibidem*, p. 93.
[65] Antônio Pedro Tota, *O imperialismo sedutor, op. cit.*, p. 23.
[66] *Ibidem*, p. 28.

doutrinário, seja na prática [...]. De fato, o Estado Novo equilibrou-se por algum tempo entre dois campos, até a entrada do Brasil na Guerra, ao lado dos Estados Unidos e da Inglaterra, em agosto de 1942[67].

Essa opção pró-EUA e aliados teve início com a chamada Política da boa vizinhança, obra do governo Roosevelt, que, em novembro de 1936, realizou uma visita oficial ao Brasil e assistiu a um show de Carmen Miranda no Cassino da Urca[68].

No mesmo cassino, em 18 de abril de 1942, ocorreu uma homenagem ao então presidente Vargas, por ocasião de seu aniversário, em uma festa promovida pelo embaixador Jefferson Caffery, em nome do governo dos Estados Unidos. O evento teve como mestre de cerimônias o ator e diretor norte-americano Orson Welles, que havia chegado ao Brasil em fevereiro[69]. Welles descreveu o Cassino da Urca como o último lugar verdadeiramente alegre no mundo. O show de homenagem a Vargas teve a presença de Grande Otelo, Jararaca e Ratinho, além da orquestra de Carlos Machado, que interpretou "Cidade maravilhosa", cuja marcha transformou-se em um *fox*, com metais que se destacavam. Era uma *big band* brasileira, que logo foi substituída pela orquestra do maestro francês Ray Ventura, que anunciou a canção "Tudo é Brasil", *fox* de autoria de Vicente Paiva[70].

A Era do Rádio e os cassinos

Para além da importância do rádio como campo de trabalho para os músicos, os cassinos também foram um importante local de divulgação da

---

[67] Boris Fausto, *O pensamento nacionalista autoritário*. Rio de Janeiro: Jorge Zahar, p. 12.
[68] Antônio Pedro Tota, *O imperialismo sedutor*, op. cit., p. 173.
[69] *Ibidem*, p. 120.
[70] *Ibidem*, p. 122.

música, até o encerramento de suas atividades no Brasil em abril de 1946. Renato Murce comenta que em 1936, quando atuava na Rádio Tupi do Rio de Janeiro, a emissora tentava enriquecer seus programas trazendo grandes sucessos estrangeiros que aqui chegavam para cantar no Cassino da Urca. Em suas palavras, foi feito "um acordo com a direção daquela casa de jogo. Em troca de muita publicidade, eles nos mandariam os seus artistas contratados"[71]. Cabe destacar que apenas naquele cassino havia três orquestras, uma para acompanhar os dois shows diários e outras duas para dançar[72].

E foi justamente no Cassino da Urca que ocorreu um dos mais sintomáticos exemplos das relações íntimas, por assim dizer, entre música e política. Logo após uma apresentação na Feira de Amostras do Rio de Janeiro, promovida pelo Departamento de Imprensa e Propaganda (DIP) em janeiro de 1939, Carmen Miranda foi convidada a se apresentar no Cassino da Urca. Ela deveria se fantasiar de baiana, traje que, por sinal, jamais vestira em sua carreira até as filmagens de *Boneca de Piche*, filme que acabara de entrar em exibição nos cinemas e no qual Carmen interpretou "O que é que a baiana tem", do então desconhecido compositor Dorival Caymmi[73].

Pouco antes do Carnaval carioca, chegaram ao Rio de Janeiro diversos turistas para conhecer essa data festiva. Entre eles estavam Lee Schubert, empresário teatral de Nova York, e Sonja Henie, patinadora e atriz de muito sucesso em Hollywood. Ambos foram conferir de perto o espetáculo de Carmen no Cassino da Urca. E daí nasceu o convite para que a atriz luso-brasileira fosse para os Estados Unidos. No dia 4 de maio de 1939, "uma multidão se aglomerou no cais do porto para assistir ao embarque de Carmen e do Bando da Lua para os Estados Unidos"[74].

---

[71] Renato Murce, *Bastidores do rádio: fragmentos do rádio de ontem e de hoje*. Rio de Janeiro: Imago Editora, p. 55.
[72] Zuza Homem de Mello, *Música nas veias: memórias e ensaios, op. cit.*, p.106.
[73] Sérgio Cabral, *A MPB na Era do Rádio, op. cit.*, p. 68.
[74] *Ibidem*, p. 71.

A própria Carmen Miranda comenta:

> A Urca foi meu trampolim. Nessa época, nem sonhava em vestir baiana. Aliás, no baile do Municipal desses tempos saudosos, marinheiros e baianas eram fantasias proibidas pela sua vulgaridade. Acontece que eu tinha de me apresentar cantando "O que é que a baiana tem?", que dizia que ela tinha isso, tinha aquilo, enfim, que a minha fantasia precisava ter. Então pedi ao Trompowski [cenógrafo e figurinista Gilberto Trompowski] que desenhasse uma baiana para mim. Foi minha primeira fantasia. Era branca, com uma barra preta e um Pão de Açúcar ao lado. Para completá-la, comprei na avenida Passos uns colares de mil e quinhentos réis e duas cestinhas de sete mil réis"[75].

O sucesso de Carmen Miranda nos Estados Unidos provocou uma grande polêmica[76], e foi novamente no Cassino da Urca que a atriz, recém-chegada de Nova York, onde se apresentou na Broadway, no rádio e no cinema, cantou, em 15 de julho de 1940, ainda que sendo recebida com algumas resistências[77]. E foi no mesmo cassino que Carmen deu sua resposta, passados dois meses do primeiro evento, cantando "Disseram que eu voltei americanizada", de Vicente Paiva e Luís Peixoto[78].

Deve-se ressaltar também a parceria entre emissoras de rádio e alguns cassinos como forma de viabilizar a contratação de artistas internacionais para se apresentarem no Brasil. Foi o que ocorreu quando

> Assis Chateaubriand sugeriu a Joaquim Rolla, dono do cassino da Urca, no Rio de Janeiro, e a Alberto Bianchi, dos cassinos Atlântico e do Guarujá, no litoral paulista, um negócio que seria bom para todos: as duas rádios Tupi dividiriam com cada uma das casas de espetáculos o

---

[75] *Apud* Sérgio Cabral, *A MPB na Era do Rádio, op. cit.*, p. 70.
[76] *Ibidem*, p. 71.
[77] Antônio Pedro Tota, *O imperialismo sedutor*, p. 16.
[78] *Ibidem*, p. 17.

custo do cachê de todo artista estrangeiro que viesse ao Brasil – em troca disso o músico, além de abrilhantar as noitadas no cassino que o convidara, faria shows nas duas estações. Só assim foi possível à Tupi apresentar a seus ouvintes astros do prestígio de Josephine Baker, Agustin Lara, Martha Eggert, Pedro Vargas, Dajos Bella e Luciene Boyer[79].

Foi durante o primeiro governo Vargas que ocorreu o apogeu dos jogos de azar no Brasil, então presentes em todo o país. Consta que Vargas, ao assumir o poder, levou para o Catete compromissos assumidos com grupos interessados na legalização dos jogos em território nacional. Curiosamente, durante sua campanha eleitoral, o general Eurico Gaspar Dutra chegou a receber o apoio dos donos de cassinos. Mas no dia 30 de abril de 1946, após longa reunião ministerial, Dutra assinou o decreto-lei que proibiu o funcionamento de cassinos em todo o país[80].

Do rádio à TV no Brasil

A importância da Rádio Nacional do Rio de Janeiro é indiscutível. No entanto, cabe questionarmos: diante de tamanha grandiosidade, quais motivos levaram a Tupi de São Paulo, e não a Nacional, a inaugurar a TV no Brasil? Deve-se ressaltar que, no início da década de 1950,

> o poderio das empresas presididas por Assis Chateaubriand foi reforçado com a expansão da rede de televisão [...], completando o império de comunicação formado por 43 jornais, 36 emissoras de rádio, uma agência de notícias, a revista semanal *O Cruzeiro*, 10 revistas

---

[79] Fernando Moraes, *Chatô: o rei do Brasil*, op. cit., p. 365.
[80] "O dia em que as roletas pararam", *Revista Nossa História*, Rio de Janeiro: Editora Vera Cruz, p. 37.

infantis e uma editora, além de laboratórios farmacêuticos e investimentos agropecuários[81].

Um depoimento do ator e compositor Mario Lago revela os detalhes da pressão exercida por Chateaubriand para que Juscelino Kubitschek desistisse do projeto de criação da TV Nacional:

> Numa das tantas viagens Assis Chateaubriand sentou no banco ao lado do Juscelino e levou a viagem inteira procurando demovê-lo da loucura de dar um canal à Nacional. Entre os sorrisos de clichê o presidente lhe fez ver que já tinha empenhado a palavra, não podia recuar agora, e o velho guerreiro não teve papas na língua: "Se Vossa Excelência der o canal de televisão à Nacional, jogo toda minha rede de rádio, imprensa e televisão contra seu governo"[82].

Juscelino Kubitschek chegou a assinar um despacho em 18 de julho de 1956, acenando com a criação da TV Nacional, mas, por pressão de Assis Chateaubriand, mudou de ideia e entregou a concessão do canal 4 do Rio de Janeiro ao jornalista Roberto Marinho[83].

Por fim

Não poderíamos encerrar este apanhado histórico sobre as orquestras de baile que atuaram no Brasil sem mencionar a orquestra Tabajara, comandada por Severino Araújo, uma das mais importantes bandas do Brasil. A Tabajara teve destaque na história da música dançante do Brasil entre

---

[81] Luiz Carlos Saroldi e Sônia Moreira, *Rádio Nacional: o Brasil em sintonia*, op. cit., p. 146.

[82] *Apud* Luiz Carlos Saroldi e Sônia Moreira, *Rádio Nacional: o Brasil em sintonia*, op. cit., p. 146.

[83] Claudia Pinheiro (org.), *A Rádio Nacional: alguns dos momentos que contribuíram para o sucesso da Rádio Nacional*. Rio de Janeiro: Nova Fronteira, 2005, p. 144.

os anos 1920 e os anos 1960[84]. Severino Araújo nasceu em Pernambuco em 1917 e teve suas primeiras noções de música com o pai, José Severino de Araújo, mestre de banda em Limoeiro, sua terra natal. O próprio Severino Araújo atuou como clarinetista na Banda da Polícia da Paraíba em 1936, no mesmo ano em que elaborou sua primeira composição, "Espinha de bacalhau". No ano seguinte ingressou na orquestra da Rádio Tabajara, de João Pessoa, passando logo a dirigi-la, em função do falecimento súbito do maestro Luna Freire no final de 1938[85]. Em 1944, recebeu convites para atuar no Cassino Copacabana e na orquestra da Rádio Tupi do Rio de Janeiro.

Além de enfatizar os locais formadores dos músicos e maestros brasileiros, as rádios, os cassinos, as bandas de música, a trajetória da Orquestra Tabajara de Severino Araújo colocou em evidência uma de nossas mais importantes manifestações musicais brasileiras, ao mesmo tempo uma das mais desconhecidas e negligenciadas: o choro, ponto de partida de nossa reflexão, adquirindo uma nova roupagem, transformando-se no "choro de orquestra, que consolidou-se com a Tabajara como em nenhuma outra"[86].

A esse respeito, Zuza Homem de Mello ressalta que "como nenhum outro gênero, o choro de orquestra levou dançarinos de salões das mais variadas classes sociais brasileiras, sem distinção de raça e de cor [...], que abrigaram grandes improvisadores, como K-Ximbinho, Zé Bodega, Casé, Paulo Moura"[87], entre tantos outros. E sua importância vai além. Em 1963, o maestro Severino Araújo enviou 41 partituras de arranjos de sua autoria para a Orquestra Cacique de Pinhal, compondo e gravando ainda "Um chorinho em Pinhal": uma dentre as tantas histórias contadas em detalhes nas páginas deste *Big bands paulistas*.

---

[84] Zuza Homem de Mello, *Música nas veias: memórias e ensaios*, op. cit., p. 145.
[85] *Ibidem*, p. 135.
[86] *Ibidem*, p. 137.
[87] *Ibidem*, p. 144.

CRÉDITOS DAS FOTOGRAFIAS

Capa
Kuznetcov Konstantin/Shutterstock

Página 65
Orquestra Mantovani de Assis
Acervo de Manoel Laércio Piovesan (Franca)

Páginas 13, 68, 70, 73, 74, 75 e 76
Arley e sua Orquestra
Acervo de Arley Mazzuia e Denise Mazzuia Stocco (Catanduva)

Página 82
Orquestra Cacique de Pinhal
Acervo de Adalberto José Golfieri Junior

Página 86
Orquestra Centenário Jazz
Acervo de Delvo João Bertoldo (Espírito Santo do Pinhal)

Páginas 90 e 196
Orquestra Cacique de Pinhal
Acervo de Gilson Brigagão Filho (Ribeirão Preto)

Páginas 80 e 93
Orquestra Cacique de Pinhal
Acervo de Antônio Carlos Fais (Campinas)

Página 91
Orquestra Cacique de Pinhal
Acervo de Delvo José Bertholdo (Espírito Santo do Pinhal)

Páginas 23, 96, 98, 100, 101, 102, 103 e 104
Laércio de Franca e sua Orquestra, Banda Municipal de Caconde,
Orquestra de Ary Barroso
Acervo de Manoel Laércio Piovesan (Franca)

Páginas 14, 26, 48, 110, 113, 114, 117, 118, 119 e 120
Pedrinho e sua Orquestra Guararapes, Jazz Ibirá
Acervo de Pedro Salla Jr. (Guararapes)

Páginas 18, 122, 125, 126, 127, 129 e 130
Orquestra Sul América de Jaboticabal
Acervo de Clóvis Roberto Capaldo (Jaboticabal)

Páginas 138 e 141
Orquestra Continental de Jaú
Acervo de Maria Waldete de Oliveira Cestari (Jaú)

Páginas 132, 135 e 139
Orquestra Continental de Jaú
Acervo de Celso Pollini (Jaú)

Páginas 144 e 145
Líder Orquestra, Orquestra Capelozza
Acervo de Nilza Claudete Capelozza de Campos (Jaú)

Páginas 38, 146, 148, 151, 152, 153 e 154
Blue Star Orquestra, Os Titulares do Ritmo
Acervo de Antônio Cesar Mancuso (Rio Claro)

Páginas 47, 158, 161(1), 164, 168 e 173
Orquestra Paratodos, Os Modernistas
Acervo de Fernando Marques Alves (São José do Rio Preto)

Páginas 161(2) e 171
Tropical Brazilian Band
Acervo de Luiz Carlos Ribeiro (São José do Rio Preto)

Páginas 10, 40, 160 e 166
Renato Perez e sua Orquestra, Conjunto Icaray
Acervo de Álvaro Francisco Alves (São José do Rio Preto)

Páginas 176, 177(1), 180, 181, 182, 188 e 202
Nelson e sua Orquestra Tupã, Jasson e sua Orquestra, Lyra Viradourense,
Jasson e Leopoldo e Orquestra de Tupã, Pedrinho de Guararapes
Acervo de Sidiney Roberto Nobre (Tupã)

Páginas 174, 177(2), 193 e 194
Leopoldo e sua Orquestra Tupã
Acervo de Leopoldo de Castro Jr. (Tupã)

Páginas 50 e 187
Orquestra Caçula
Acervo de Mário Cunha (Tupã)

Páginas 77, 92, 107, 142, 170, 172, 184 e 192
Capas de discos e cartazes das orquestras
Acervo de José Ildefonso Martins

Páginas 95, 108, 131 e 156
Fotos de Adriano Rosa

DEPOIMENTOS COLHIDOS

Assis
Ademir Fortuna e Ermelindo Mantovani

Campinas
Cristina Meneguello

Catanduva
Arley, Osmeri e Flávio Mazzuia

Espírito Santo do Pinhal
Valéria Aparecida Rocha Torres, Delvo João Bertoldo, Edésio Scalezze e Adalberto Golfieri Filho

Franca
Manoel Laércio Piovesan e Miroel Freud Piovesan

Guararapes
Pedro Salla Jr.

Jaú
Maria Waldete de Oliveira Cestari, Nilza Claudete Capelozza de Campos, Fernando Antônio Capelozza, Marcilio Galdino Pires "Sabu", Antônio Zago, Célio Catalan e Paulo Oscar Ferreira Schwarz

Jaboticabal
Clóvis Roberto Capaldo

Rio Claro
Antônio Cesar Mancuso, Dirceu Manfrinatti, Heideval Tomasinni, Aracy Stein, Vicente Paroli e Thélio Paroli

São José do Rio Preto
Fernando Marques Alves, Luiz Carlos Ribeiro, Álvaro Francisco Alves

São Paulo
Clésio Fortuna e Laurita Benosat

Tupã
Leopoldo de Castro (*in memoriam*), Mário Cunha e Sidiney Roberto Nobre

AGRADECIMENTOS

Pela colaboração nas entrevistas e cessão de fotos e documentos
Alcides Mazzini (Araçatuba) (*in memoriam*)
Denise Mazzuia Stocco (Catanduva)
Cibele Buldrini (Espírito Santo do Pinhal)
José Gregoretti Neto (Franca)
Celso Pollini (Jaú)
Pedro Ganga e Luiz Carlos de Sousa (São José do Rio Preto)
Carmen Cunha Castro (Tupã)
Gilson Melo Brigagão Filho (Ribeirão Preto)
Antônio Carlos Fais (Campinas)

A Adriano Rosa
Por fotografar, filmar e gravar todas as entrevistas que embasaram este livro.

A Evandro Marcus Ceneviva
Pelo incentivo e apoio decisivos.

SOBRE OS AUTORES

José Ildefonso Martins é professor universitário, advogado e consultor para as áreas de formação profissional, além de ser diretor da OFFICINA3 – Consultoria e Eventos S/C Ltda. Trabalhou no SESC-SP e foi Gerente Regional do SENAC-SP. Há mais de 40 anos pesquisa a música popular brasileira, da qual possui considerável acervo utilizado para atividades acadêmicas e profissionais. Tem artigos publicados em jornais e revistas especializados.

José Ildefonso Martins – (jimartins@hotmail.com)

José Pedro Soares Martins é jornalista e escritor, autor de livros sobre meio ambiente, cidadania, história e cultura. Entre suas obras estão *Depois do arco-íris – Uma proposta ecológica* (FTD, 1991), *Terra Cantata, uma história da sustentabilidade* (Komedi, 2007), *Festas populares do Brasil* (Komedi, 2011), *Capoeira, um patrimônio cultural* (Komedi, 2011) e *Carnaval encantado* (Komedi, 2013). Recebeu o Prêmio Ethos de Jornalismo de 2003, o International Media Awards (1992 e 1995) e o Prêmio Amizade Norte-Sul em 1992, entre outros reconhecimentos. É editor da Agenda Social de Notícias.

José Pedro Soares Martins – (josepmartins@uol.com.br)

Fontes Garamond Pro e Mona Lisa Solid
Papel Pólen Bold 90 g/m²
Impressão Pancrom Indústria Gráfica
Data fevereiro de 2017